미래 한국교회의 대안 시리즈 ②

담임목사 청빙
이렇게 하라

| 김성진 지음 |

쿰란출판사

담임목사 청빙
이렇게 하라

"한국교회의 미래적 대안을 위하여
자신들의 삶을 헌신한 연구소의 동역자들과
30년의 기도 끝에 하나님을 믿는 믿음으로 교회에 출석하시는
나의 어머니께 이 책을 바칩니다."

추천의 글

주님의 교회를 주님의 뜻대로 아름답게 세우는 데 있어서 어떤 목회자를 담임목사로 청빙하느냐는 아무리 강조해도 지나치지 않습니다. 그런데 "어떤 담임목사를 청빙해야 하는가?"라는 질문과 더불어 "어떻게 담임목사를 청빙해야 하는가?"라는 질문도 교회가 꼭 답해야 하는 참으로 중요한 문제입니다. 아무리 좋은 담임목사를 청빙했더라도 그 과정에서 문제가 발견된다면, 교회뿐 아니라 세상 사람들에게 덕이 되지 못하기 때문입니다.

오늘날 한국교회에 쏟아지는 담임목사 청빙에 관한 지탄과 조롱들이 난무합니다. 물론 교회를 무너뜨리려는 사탄의 세력도 있습니다. 이는 교계가 하나가 되어 서로 막아주고 든든한 지원을 아끼지 말아야 합니다. 하지만 일부 대형교회에서 이루어진 담임목사 청빙에 관련된 기사를 접할 때에는 낯이 뜨거워지기도 합니다. 교회가 세상에 소금과 빛이 되어 덕을 세우는 데 앞장서서 길이요 진리이며 생명이신 예수 그리스도를 전해야 하는데, 개인의 욕심으로 얼룩진

듯한 청빙의 과정은 복음을 전하는 데 거침돌이 되기 때문입니다.

이제 한국교회는 어떤 담임목사를 청빙해야 하는가 하는 문제와 더불어 어떻게 담임목사를 청빙해야 하는지도 연구하여 대안을 제시해야 합니다. 담임목사 청빙에 있어서 성경적인 원칙과 지침에 따라 투명하고 공정하며 하나님이 기뻐하시는 과정이 되어야 한다는 것입니다.

다행히 목회컨설팅연구소 김성진 소장께서 이런 고민과 대안을 《담임목사 청빙 이렇게 하라》는 책에 담아주셨습니다. 이 책이 고무적인 이유는 세상적인 방식으로 담임목사 청빙의 문제를 풀어가는 것이 아니라, 성경에 그 기초를 두고 있기 때문입니다. 더불어 오늘날 청빙의 유형을 설명하고, 청빙 과정의 다양한 문제점을 드러냄으로 담임목사 청빙의 현실과 안타까움도 함께 느낄 수 있습니다.

하지만 문제를 비판하고 한탄만 하는 것이 아니라, '절차공정성'과 청빙을 연결시켜 대안을 제시합니다. 물론 생소할 수 있지만, 충분히 이해 가능한 '전문기관 의뢰(Search Firm) 유형'을 차근차근 설명하면서 담임목사 청빙의 과정과 절차를 수행할 수 있도록 실천적 자료를 제공합니다.

담임목사를 어떻게 청빙해야 하는지 고민하는 교회라면 반드시 일독할 수 있기를 권하며 기쁜 마음으로 추천합니다. 부디 이 책을 통해 한국교회 내 담임목사 청빙 문화가 하나님께서 원하시는 투명하고 공정하게 변화되기를 소망하며 기도합니다.

2020년 7월 7일

와~우리교회 박만규 목사

추천의 글

"2020년 6월, 새로운 담임목사님을 세워주소서."

2018년 12월부터 지속적으로 하나님께 아뢰었던 논산성결교회의 기도 내용이다. 22년 만에 담임목사를 청빙해야 하는 사역은 은퇴를 준비하는 목회자나 청빙 사역의 담당자들인 당회원들, 그리고 온 성도들에게 중요한 관심사였고 큰 기도제목이었다.

논산성결교회는 이 중요한 청빙 사역을 외부 전문기관(전문가들)에 맡기기로 결정하였다. 본서에는 실제 실행된 논산성결교회의 청빙 사역이 기록되어 있다. 이러한 결정과 실행은 글자 그대로 '청빙'의 모양이 최대한 갖추어지기를 원하는 공감대가 바탕이 되었다. 청빙하는 교회도 청빙받는 목회자도 "하나님의 뜻"이 이루어졌음을 경험하고 싶었다.

목회컨설팅연구소에 청빙 사역을 맡기는 협의를 하는 중에 "어떻게 연구소를 믿고 맡길 수 있느냐?"는 질문이 있었는데, 한 당회원이 "우리를 믿을 수 없기 때문에 아니겠느냐?"고 답을 했다. 서로 간의 불신 문제가 아니라, 청빙 과정에서 일어나는 공정성도 없고 전문성이 결여된 진행과 결과에 대한 직·간접적인 경험에 대한 당회원 모두의 공감이었다.

2020년 6월, 기도대로 논산성결교회의 새로운 담임목사가 선정되고 청빙 사역을 완료하게 되었다.

《담임목사 청빙 이렇게 하라》는 건강한 교회, 성경적인 교회를 소망하는 김성진 소장님과 연구소 가족들의 또 하나의 헌신의 결정체다. 어느덧 연구소가 20세가 되었다. 조국 교회와 아시아의 교회들을 섬기는 연구소의 핵심가치가 튼실한 열매로 나타나길 기도드린다. '청빙'에 관한 이론과 실제 사례가 기록된 본서가 사도 바울을 안디옥 교회에 세운 바나바처럼 쓰임받기를 소망한다.

2020년 7월 7일

논산성결교회 원로목사 김영호

추천의 글

"우리는 모두 살얼음판에 서 있으며 깨질 수 있다."

하나님의 부르심을 교회가 대행하는 것이 청빙이라면 우리 교회는 어떤 자세를 가져야 할지 진지해졌습니다. 리더십 교체를 앞두고 한 사람의 신랑(신부) 앞에 수백 명이 넘는 결혼 상대자가 생각하는 조건은 분열과 갈등을 야기하기에 충분하므로 이를 어떻게 하면 해소할 수 있을 것인가 고민이 되었습니다.

더욱이 일부 교회에서 학연과 지연과 인맥과 욕심이 연결된 청빙 과정에서 교회와 하나님 앞에 무례함이 도를 넘어 관계에 균열이 가고 타락함이 드러나 급기야 무너졌다는 소식을 듣고 있을 때 목회 컨설팅 연구소를 만나게 되었습니다.

이미 다원적으로 변화된 세상과 교회 구성원들을 인식하지 못하고 주어진 힘을 믿고 있는 당회라면 기득권을 내려놓는 용단을 선택할 때, 겸손 그 자체일 것입니다. 나는 없고 하나님만 계시며, 나는 뒤에 서고 하나님은 앞서 일하시어 완전히 맡기는 순종의 기본은 청빙 과정에서 더욱 요구되었습니다. 수많은 무릎 기도의 시간은 물론이거니와 교회는 연구소 덕분에 서로 신뢰하며 존중하게 되었습니다. 청빙 과정에서 전 교회 구성원들에게 반드시 요구되었던 타당성과 공정성이 어느 정도 해소되었기 때문입니다.

청빙의 목표는 어떤 한 사람도 섭섭하지 않으며 어떤 한 사람도 기뻐하지 않아 오직 하나님만 영광 받는 것이었으며 살얼음판에 온 교회가 함께 서 있었어도 결국 단단하게 이루어졌습니다.

낯선 바이러스가 우리 관습, 질서, 제도를 한순간에 개벽시켰듯이 청빙도 바꿀 수 있습니다. 작금의 교계가 청빙 방법에 있어 담임목사님을 추리고 뽑는 세상적 관행에서 각각의 교회에 맞는 담임목사님을 하나님의 뜻에 따라 모시고 올 수 있는 대안을 제시한 이 책은 바이러스에 맞선 유익균으로 청빙 역사에 변곡점이 될 것입니다.

'생각의 변화'를 이끌고 '제도를 제안'한 연구소와 김성진 목사님은 "선진화된 개척자"(modernized pioneer)입니다. 담임목사님 청빙을 준비함에 있어서 하나님의 뜻을 찾고 끝까지 기다리며 기도하는 누군가 단 한 사람과 교회가 있다면 이 책을 통해 자기 강함을 오히려 십자가에 못 박게 될 것입니다.

2020년 7월 24일
논산성결교회 청빙팀

추천의 글

　　평신도로서, 연구소 청빙진행 팀장으로서 한 지역교회의 '청빙' 사역을 수행했습니다. 그리고 담임목사님의 '청빙'을 위해 들여야 하는 너무도 큰 수고와 노력, 헌신들을 보았습니다. 또 그것과 별도로 '청빙'이라는 것을 잘못 이해하고 받아들이고 있는 한국교회의 한 단면도 볼 수 있었습니다. 한국교회의 아픈 면, 부정할 수 없는 잘못된 면, 받아들이기 힘든 현실적인 면들을 볼 때 과연 여기에 희망이 있을까? 회의적인 시선으로 본 적도 많았습니다.

　　그러나 이런 아픔 속에서 주님이 주신 지혜로, 주님이 주신 사랑으로, 주님이 주시는 크고 놀라운 은혜로 MSC를 통해 '청빙'의 새로운 시작과 방법을 보게 된 것을 기쁘게 생각합니다. 지혜롭지 못했고, 은혜롭지 못했던 과거의 방법들을 극복하고 오직 성령의 인도하심으로, 하나님의 뜻으로, 주님의 방법으로 담임목사님을 '청빙'할 수 있는 그 시초가 연구소를 통해 열리게 하신 것을 감사드립니다.

이 책을 통해 적지 않은 한국 교회들에서 분열과 반목의 씨앗이 되어져 갔던 '청빙' 문화가 이제는 교회를 하나 되게 하고 교회를 은혜롭게 하고 교회를 온전한 그리스도의 지체가 되게 하는 놀라운 역사로 바뀌어 갈 것을 기대합니다.

2020년 7월 7일

MSC 청빙 사역 디렉터 김태윤

감사의 글

올해는 연구소를 설립한 지 20년이 되는 해이다. 어느 누구도 예측할 수 없었고 경험해 보지 못한 Covid-19로 인해 혼란스럽고 모두가 고립된 상황이었지만, 그 위기가 내게는 책을 집필할 수 있는 기회의 시간이 되었다. 20여 년간 사역에 임하며 맴도는 생각들, 두 손 쥐게 만든 결심들 그리고 실무적 사고를 글로 표현하는 몸부림이었다.

작은 가슴이지만 하나님께서 품게 하신 한국교회를 바라보며, 이제 전환점을 맞이했다는 나름의 분석으로 한국교회의 미래를 향한 대안을 제시하겠다는 포부가 생긴 것이다. 단숨에 세 권의 책을 써 내려갔다. 《미래 한국교회 대안 시리즈》 1권, 2권, 3권의 초고를 마치며, 쿰란의 이형규 장로님을 만나 부끄러운 줄 모르고 거친 글을 내보이며 교회를 향한 가슴을 열어 보였다. 《왜 교회 컨설팅인가?》, 《담임목사 청빙 이렇게 하라》, 《한국교회 지속 성장을 여는 교회의 사회적 책임(CSR)》, 책 제목만으로 한국교회의 위기 상황에 동감하며 출판에 적극적인 불을 지펴 주신 장로님께 감사를 드린다.

대안 시리즈의 두 번째로, 《담임목사 청빙 이렇게 하라》가 이제 나오게 되었다. 이 책이 담임목사 청빙에 새로운 길을 제시하며 세대 교체로 혼선을 겪는 한국교회에 조금이라도 길잡이가 되길 원한다.

이론만 역설하지 않았다. 가능한 한 다양한 임상 경험과 실제를 담기 위해 노력했다. 이를 위해, 한국교회의 내일을 위해 함께 걷고 있는 본 연구소의 동역자들에게 감사하지 않을 수 없다. 그리고 이 책을 진지하게 읽게 될 독자들에게 감사를 드리고 싶다. 마지막으로 실증 분석을 위해 도움을 준 권병태 박사와 연구소를 사랑하며 함께 기도와 격려해 주시는 이사장님과 이사님들 그리고 회원 목사님들과 후원하는 교회들에게 진심 어린 감사를 드린다. 이 책이 한국교회의 새로운 가능성을 여는 소중한 자산이 되기를 진심으로 바란다.

2020년 7월 15일
김성진 목사

차례

추천의 글 _ 와~우리교회 박만규 목사_ 6
논산성결교회 원로목사 김영호_ 9
논산성결교회 청빙팀_ 11
MSC 청빙 사역 디렉터 김태윤_ 14

감사의 글_ 16
들어가는 말_ 23

1. 성경 속 목회자와 그의 지위_ 31

1) 목회자의 정의_ 33
2) 목회자의 성경적 지위_ 41
3) 목회자의 교회법상 지위_ 44
4) 목회자의 민법상 지위_ 45
5) 담임목사가 되는 길_ 47
6) 청빙에 임하는 목회자의 자세_ 52

2. 청빙에 대한 신학적 고찰_ 59

   1) 구약의 견해_ 59
   2) 신약의 견해_ 62

3. 담임목사 청빙 유형_ 68

   1) 담임목사 청빙이란?_ 68
   2) 담임목사 청빙 유형_ 69
     (1) 세습 승계 유형_ 69
     (2) 승진 승계 유형_ 76
     (3) 공개 공모 유형_ 79
     (4) 추천 유형_ 82
     (5) 공모 추천 복합형_ 83
     (6) 트레이드 유형_ 85

4. 청빙 과정의 문제점_ 87

1) 채용으로 비추어지는 문제_ 88
2) 경쟁심을 유발하는 문제_ 92
3) 비전문성의 문제_ 94
4) 교회 권위주의의 문제_ 101
5) 교회 갈등 문제_ 103
6) 절차 공정성의 문제_ 104

5. 절차의 공정성_ 107

1) 공정성 이전에 반드시 배제되어야 하는 3가지 정신_107
2) 절차 공정성이란?_ 112
3) 조직 공정성의 구성 요소_ 113
4) 절차 공정성의 결과 변인_ 117
5) 절차 공정성과 청빙 유형의 상관관계_ 128

6. 전문기관 의뢰(Search Firm) 유형_ 141

1) 헤드헌팅의 이론적 배경_ 141
2) 헤드헌팅의 일반적인 절차_ 144
3) 교회에서의 헤드헌팅의 실제_ 146
4) 교회 헤드헌팅의 절차_ 148

7. 담임목사 헤드헌팅 실제 수행 과정_ 168

8. 헤드헌팅 실증 분석 사례_ 181

나가는 말_ 213

부록: 담임목사 청빙 컨설팅 방법_ 217

들어가는 말

하나님의 교회가 교회로서의 정체성을 갖고 주님께서 위임하신 지상명령(마 28:19-20)을 이루어가기 위해서는 교회는 교회다워야 하고, 목사는 목사다워야 한다. 교회는 지속적인 자기 개혁을 도모하여야 하고, 온전한 교회가 되기까지 개혁을 멈춰서는 안 되며, '목사'는 '하나님의 종' 되기 위한 순종(順從)과 순복(順服)의 자세로 순례자의 길을 앞서 걸어야 한다. 종은 큰 배 밑창의 노잡이^{a rower}와 같다. 권세나 권위의 상징이 아닌 섬김과 책임의 직분이라는 뜻이다.

'교회의 개혁'과 '목사다움의 회복'은 한국교회가 지속적으로 추구해 가는 '한국교회의 사명'이라 하겠다. 세상은 한국교회를 염려하고 있다. 정보화 시대의 속도만큼 한국교회의 문제는 이제 사회 문제로까지 전파되고 있고, 최근 가장 큰 이슈^{issue}가 되고 있는 것은 대형 교회 담임목사 세습 과정에서 불거진 일이다. 사회적으로 공론화되어 갑론을박(甲論乙駁)하고, 공영방송을 타며 세상으로부터 염려어린 이야기를 듣고 있다. 그러나 대형 교회 담임목사 세습이 비단 오늘의 문제로만 대두된 것은 아니다. 이는 교회가 우리 사회로부터 긍정적 이미지보다 부정적인 이미지로 인식되고 있으며, 무엇보다 초연결사회에 부정적 이미지의 영향력은 급속히 확산될 가능성이 더욱 크다.

한국교회의 제1세대 목회자들이 은퇴하고 2대 담임목사로 리더십을 교체하는 과정에서 온갖 이권 개입과 불공정성이 난무하고, 소위 세습이라는 독특한 리더십 위임의 모양새가 문제가 된 것이다. 유독 '세습'이 문제로 대두되는 이유는 크게 3가지로 정리할 수 있다. 하나는 한국사회의 혈연주의이고, 또 다른 하나는 한국교회의 권위적 지배 구조의 문제이며, 마지막으로 청빙 절차에 대한 공정성 결여의 문제이기 때문이다.

교회 개척 1세대가 사역의 일선에서 물러선 후, 다음 세대를 인도하는 담임목사를 청빙하는 시점에 한국교회의 청빙에 대한 절차상 공정성의 요구가 점점 거세지고 있다. 이제 한국교회는 자의적이든 혹은 타의적이든 바뀌지 않으면 안 될 상황에 직면하였다. 만일 교회가 스스로 변화하지 않는다면 미래 한국교회는 교회 자체의 생존과 존립마저도 담보할 수 없는 지경에 이를 것이다. 이러한 부정적 이미지는 사회적인 비판과 반기독교 운동의 전개를 통하여 나타나고 있는데, 이 현상은 한국교회가 대사회적 인식의 소리를 외면한 채 개체 교회만의 성장을 위한 사역에 몰두한 결과일 것이다. 따라서 대형 교회들의 대물림 형태의 세습에 대한 비판과 함께 교회 내부적으로도 이에 관한 활발한 논의가 심도 있게 이루어지고 있다.

칼뱅은 목회자가 정식으로 세움을 받는 데 있어서 2가지 요소가 필요하다고 말한다. 각 사람이 인식하고 있는 하나님의 비밀스러운 소명인 '내적 소명'inner calling과 교회가 목회자의 자질과 자격을 보아서 선택하는 '외적 소명'outer calling이다. 이 2가지 요소는 또한 담임목사 청빙을 위한 명확한 기준이 된다. 내적인 소명과 외적인 소명의 총합으로 목회자의 청빙이 이뤄져야 한다는 것이다.

그러나 문제는 이 2가지 모두 명확히 규정하는 것이 쉽지 않다는 점이다. 내적 소명은 전적으로 목회자의 내적인 영적이기에 확인이 어렵고, 외적 소명은 그 절차의 공정성이 보장되는가에 대한 다양한

해석과 기준, 그리고 적용으로 인해 교회가 혼란에 빠지기도 하고 어려움을 겪기 때문이다.[1]

그럼 이러한 문제를 해결할 수 없는 것일까?

연세대학교 사회학 명예교수인 박영신 교수는 〈교회 세습에 대한 사회학적 고찰〉이라는 논문을 통해 오늘날의 교회 현상을 사회학자의 시각으로 이렇게 논하고 있다.

"경제 성장이 가족 단위로 이루어졌듯이 교회의 부흥과 성장도 개체 가족과 유사한 '개교회' 단위로 이루어졌다. 우리가 흔히 말하는 '개교회주의'라는 것도 느닷없이 나타난 것이 아니다. 교회는 한 가족 단위처럼 움직이며 다른 교회들과 경쟁을 벌인다. 기업체가 개체 기업으로 시장에서 경쟁하듯이 교회도 개교회로 경쟁한다. 이 과정에서 이른바 빈익빈 부익부 양극화 현상이 나타났다. 한국교회의 문제점에 대한 조사에서 '교파가 너무 많다', '단합이 안 된다' 또는 '지나치게 자기 교회 중심이다'라는 것과 나아가 '목회자의 사리

---

1) 현요한, "교회 세습에 대한 조직신학적 고찰", 〈학술 심포지엄 교회세습반대운동연대〉 (2013), 48-49.

사욕/이기심'이라는 점을 지적하고 있는 것은[2] 우리 사회의 뿌리에 도사리고 있는 좁다란 가족주의/유사가족주의가 밖으로 드러난 증상에 지나지 않는다. …교회는 우리 사회의 주류가 치켜세워 온 경제주의와 하나가 되어 버렸다."[3]

교회의 세습은 북한의 정권 세습 및 재벌 세습과 함께 '3대 세습'이라 하여 한국사회의 특징적인 현상의 하나로 일컬어지고 있다. 오늘날 한국교회가 가장 중요하게 생각하고 있는 것은 바로 '교회 성장'이다. 때문에 '교회 성장'이라는 목표를 설정하여 각 교단은 제자훈련, 전도폭발, 소그룹운동 등을 교회 성장의 도구로 삼아 다양한 사역을 펼치고 있다. 이와 더불어 교회의 세습 문제 역시 교회 성장 혹은 최소한의 교회 현상 유지의 수단이 되고 있지는 않은가.

교회 세습은 한국교회가 세대 교체를 하는 과정에서부터 야기된 문제라 할 수 있으며, 이러한 현상에 대하여 담임목사 청빙은 중요한 논제로 떠오르고 있다.

교회는 하나님 나라의 모형으로 영적인 공동체인 동시에 교회의

---

2) 한미준·한국갤럽, 《한국교회 미래 리포트》(2005), 262-264.
3) 박영신, "교회 세습에 대한 사회학적 고찰", 〈학술 심포지엄 교회세습반대운동연대〉 (2013), 66-67.

사명은 지역과 세상을 복음화하는 것이다. 그러므로 공동체로서의 조직 관리와 인사 관리에 교회만의 특수성이 있고, 동시에 객관적인 공정성을 지녀야 한다. 또한 교회는 세상 속에서 하나님의 의와 진리를 선포하고 공동의 선을 추구하는 공동체이다. 그러므로 세상의 기준보다 우월한 도덕성과 윤리성을 보여야만 하고, 세상의 상식선과 보편타당성을 초월하는 영성을 드러내어야 한다.

한국교회는 사회의 공적 영역에서 영성의 타당성과 공정성을 확실하게 보여줄 수 있어야 한다. 교회가 고백하는 신앙고백은 교회 안에서만 통용되는 독백이 되어서는 안 되며, 교회 밖의 세상 사람들에게도 이해되어 영적 공동체로서의 신뢰를 심어 줄 수 있어야 한다. 합리성이 최고 가치로 여겨지고 세속적 가치관으로 치닫고 있는 이 시대에, 초월적 영성과 동시에 이성과 지성의 상식을 통합하는 교회 타당성과 공정성을 드러내는 교회라는 인식의 탈바꿈이 절실하다.

담임목사 청빙 방법은 이러한 이념들을 배경에 두고 결정되어야 한다. 청빙은 고용하는 사람과 고용되는 사람 즉, 갑과 을의 관계가 아니다. 이권을 유지하기 위한 제도적 장치도 아니다. 청빙은 하나님께서 세우신 교회를 섬기고 지도하며 영적으로 이끌어 갈 영적 지도자를 모시는 것이므로 청빙 준비에서부터 부임하는 그 순간까지 모든 과정과 절차가 공정해야 한다.

어느 한 교회의 담임목사 청빙은 하나님의 부르심을 확인하고 그 일에 순종하는 과정이다. 그러므로 담임목사 청빙은 건강한 교회를 세우는 출발이며, 투명한 청빙 절차는 교회의 본질적 의미를 회복하고, 건강한 교회로 나아가는 초석이 된다. 더욱이 청빙 절차를 통하여 우리는 교회의 성숙도를 가늠할 수 있다.

기독교계에서 이에 대한 활발한 논의가 이루어지고는 있지만, 청빙 절차와 관련한 선행 연구에 있어서 교회 세습과 관련된 내용이 대부분을 차지하고 있으며, 석사 논문과 학술 논문 몇 편에 국한되어 있다. 이 정도로는 한국교회 담임목사 청빙 문제의 해결을 위한 방안이나 시사점을 발견할 수 없다.

현 시대적 상황 가운데 한국교회와 신학 진영에서는 "목사의 지위란 무엇인가?", "담임목사 청빙 절차의 공정성은 어떠해야 하는가?", "학문적 대안은 어떠한 것들이 있는가?"라고 하는 발전적 질문들을 끊임없이 던지고, 반드시 그에 대한 혜안을 찾아야 할 것이다.

만약 이러한 질문들에 대한 답을 찾지 못한다면 사회로부터 지탄을 면하기 어려울 것이며, 건강한 한국교회의 성장이란 미래는 어두운 국면에서 빠져나오지 못할 것이다.

이 책에서는 한국교회가 직면한 담임목사 청빙 문제의 핵심이 무엇인지, 담임목사 청빙의 중요성을 부각하려 한다. 그리고 문제점의 핵심 요인으로 '절차의 공정성'을 탐구하여, 담임목사 청빙 유형들의 장·단점을 보완할 방안도 제시하고자 한다. 교회의 본질이 살아나고 교회가 교회다워지기 위해서는 반드시 공정한 절차를 거쳐 부르심에 합당한 담임목사 청빙이 이루어져야 한다.

"담임목사 청빙, 이렇게 하라", 이 외침은 한국교회 역사에 던지는 첫 일성(一聲)으로 다소 투박하고 거칠 수 있다. 그러나 광야에서 외치는 자의 소리처럼 거침없고 꾸밈없는 열정을 담았다. 선구자처럼, 이 책이 뒤에 오는 사람의 길을 예비하는 역할을 하기를 바란다.

1.
성경 속 목회자와 그의 지위

목회자는 누구인가? 그리고 어떤 지위를 갖고 있는가? 이것은 담임목사 청빙을 준비하는 교회와 청빙 후보자인 목회자들에게도 매우 중요한 기준과 요건이 된다. 사람들은 일반적으로 목회자의 성품에 대한 높은 기대치가 있다. 목회자는 성경에 기록된 덕목과 자질을 기본적으로 갖추고 있다고 생각하며, 또한 그리되어야 한다는 잣대가 있는 듯하다.

그렇기 때문에 성경에서 말하는 목회자의 본질과 영역에 대해 알고 있는 것이 중요하다 하겠다. 청빙을 앞둔 교회도 그리고 목회자 자신도, 목회자의 학력 등 소위 스펙(spec)뿐 아니라 인격과 성품, 기질, 역량을 점검하고 검증하는 데 노력을 기울여야 한다. 상당수의 교회에서 이러한 점을 간과하여 청빙 이후 어려움에 봉착한 사례가 많이 있다. 다음의 예시는 어느 교회의 청빙 광고이다.

> **담임목사 청빙**
>
> 본 교회는 [　　　　　　　　　] 노회에 소속된 교회로 하나님의 비전을 함께 이루어갈 담임목사님을 청빙하고자 합니다.
>
> 1. 지원자격
>   ① 학력 : 본 교단 신학대학원 졸업자(M.Div 이상)
>   ② 연령 : 만 45세 전후(2020년 1월 1일 기준)
>   ③ 경력 : 본 교단에서 목사 안수 후 목회 경력 4년 이상인 자
> 2. 제출서류
>   ① 지원서(최근 3개월 이내 촬영한 사진 첨부) ·················· 1부
>   ② 자기소개서(본인과 사모 성장과정, 지원동기 및 목회경험과 목회철학) ·········· 1부
>   ③ 목회계획서([　　　] 교회를 바라보는 목회비전과 교회운영계획서) ·········· 1부
>   ④ 최종학력증명서 ································· 1부
>   ⑤ 주민등록등본 및 가족관계증명서(최근 1개월) ··············· 각 1부
>   ⑥ 목사안수증명서 및 노회소속증명서 ···················· 각 1부
>   ⑦ 추천서 2부(목사 추천서 1부 포함)
>   ⑧ 설교 동영상(최근 3개월이내 설교 2회분 USB, CD, E-mail)
>
> 담임목사 청빙위원회

한국교회 대부분의 공모 유형은 모두 유사한 형태를 띠고 있다. 그러나 담임목사의 '인성', '영성' 그리고 '성품'에 대해 가늠할 수 있는 어떤 지원 자격 조건이나 제출서류는 어디에서도 찾아볼 수 없다. 도대체 서류를 통해 어떻게 이런 것들을 알 수 있는지 반문할 것이다. 설교를 통해 알 수 있는가? 대면 인터뷰를 통해 알 수 있는가? 그렇다. 불가능하다.

그래서 필요한 것이 제3자를 통한 평판 조사이다. 다시 말해, 청

빙 후보자 평판에 대한 헤드헌터 혹은 교회와 목회 전문가의 조사가 필요하다. 이제 독자와 함께 하나씩 살펴보려 한다.

그 첫걸음이 바로 성경에 기록된 목회자는 누구인지, 그리고 사회법으로 어떤 지위에 있는지 확인하는 것이다. 이것은 청빙 요건의 가장 기초적인 부분이다. 그리고 이러한 걸음을 떼면서 왜 제3자에 의한 검증과 청빙 절차가 성경적이면서 동시에 현시대 교회 청빙 문화에 반드시 도입되어야 하는지 피력할 것이다.

1) 목회자의 정의

목회자는 누구인가? 교회가 목회자를 모실 때 성경적 근거는 무엇인가? 이것을 알 때에 목회자 스스로 그 정체성을 명확하게 할 수 있으며, 이는 청빙을 앞둔 교회에서도 가장 먼저 명확히 해야 할 부분이다.

한국교회에서는 목사^{pastor} 또는 감독$^{Episcopacy,\ Bishop,\ Overseer}$으로 불리는 목회자란, 지역 교회의 교인들을 목양하기 위해 책임을 맡은 자를 칭한다. 감독, 장로, 목사 등으로 신약성경에 번역되어 사용되고 있는데, 이 모든 호칭은 교회를 돌보며 다스리는 일을 맡은 사람을 의미하는 것으로, 신약에서는 그 호칭들을 자세히 구분하여 사용하고 있지는 않다.

(1) 성경적 목회자의 자질

신약성경은 목회자의 자격을 엄격하게 제한하며 분명하게 제시하고 있다. 목회자는 다스리고 인도하고 돌보고 양을 치며, 진리를 지킬 뿐 아니라 목회의 일을 전반적으로 감독하는 사람이다.

> "미쁘다 이 말이여, 곧 사람이 감독의 직분을 얻으려 함은 선한 일을 사모하는 것이라 함이로다 그러므로 감독은 책망할 것이 없으며 한 아내의 남편이 되며 절제하며 신중하며 단정하며 나그네를 대접하며 가르치기를 잘하며 술을 즐기지 아니하며 구타하지 아니하며 오직 관용하며 다투지 아니하며 돈을 사랑하지 아니하며 자기 집을 잘 다스려 자녀들로 모든 공손함으로 복종하게 하는 자라야 할지며 (사람이 자기 집을 다스릴 줄 알지 못하면 어찌 하나님의 교회를 돌보리요) 새로 입교한 자도 말지니 교만하여져서 마귀를 정죄하는 그 정죄에 빠질까 함이요 또한 외인에게서도 선한 증거를 얻은 자라야 할지니 비방과 마귀의 올무에 빠질까 염려하라"(딤전 3:1-7).

"잘 다스리는 장로들은 배나 존경할 자로 알되 말씀과 가르침에 수고하는 이들에게는 더욱 그리할 것이니라"(딤전 5:17).

"이 교훈의 목적은 청결한 마음과 선한 양심과 거짓이 없는 믿음에서 나오는 사랑이거늘 사람들이 이에서 벗어나 헛된 말에 빠져 율법의 선생이 되려 하나 자기가 말하는 것이나 자기가 확증하는 것도 깨닫지 못하는도다 그러나 율법은 사람이 그것을 적법하게만 쓰면 선한 것임을 우리는 아노라 알 것은 이것이니 율법은 옳은 사람을 위하여 세운 것이 아니요 오직 불법한 자와 복종하지 아니하는 자와 경건하지 아니한 자와 죄인과 거룩하지 아니한 자와 망령된 자와 아버지를 죽이는 자와 어머니를 죽이는 자와 살인하는 자며"(딤전 1:5-9).

"이를 실행하여 바나바와 사울의 손으로 장로들에게 보내니라"(행 11:30).

이러한 점에서 신약성경은 목회자의 자격을 엄격하게 제한하면서 분명하게 제시하고 있다.

(2) 성경적 목회자의 역량

① 지도력을 갖추어야 함.

"책망할 것이 없으며 한 아내의 남편"이 되어야 한다(딤전 3:2). 또한 "자기 집을 잘 다스려 자녀들로 공손함으로 복종하게 하는 자"라야 한다(딤전 3:4). 그 이유는 디모데전서 3장 5절에 "사람이 자기 집을 다스릴 줄 알지 못하면 어찌 하나님의 교회를 돌보리요"라고 기록되어 있기 때문이다.

성경은 교회를 가정에 비유하고 있다. 교회는 믿는 자들이 형제요 자매로 한 공동체를 이루기 때문에 대가족과 같은 공동체로 이해할 수 있고, 목회자는 그 가족에서 리더로서의 지도력을 발휘해야 함을 알 수 있다. 더욱이 한 가정에서 지도력을 잘 발휘하는 사람이 교회 공동체를 잘 인도할 수 있는 것이다. 지도력은 성경에서 요구하는 목회자의 가장 본질적이며 기초적인 요건이 된다.

② 가르침의 능력

"가르치기를 잘하며"(딤전 3:2)라고 언급된 것에서 목회자의 본질적 역량 중 하나가 가르침임을 알 수 있다. 목회자는 영성과 말씀을 잘 가르치는 자가 되어야 한다. 교회는 하나님의 말씀을 배우고 익혀 교인들의 삶에 적용하여 세상의 빛과 소금이 되게 하는 곳이며, 세속의 가치관을 진리인 말씀의 가치관으로 바뀌게 하는 곳이다. 따라서 목회자에게는 진리를 설명하고 진리를 잘 가르쳐서 진리 안에 거하게 하는 역량이 구비되어야 한다. 그런 까닭에 목회자가 '얼마나 말씀을 잘 가르치는가?'는 중요한 자질이 된다.

가르침의 역량 못지않게 그 가르친 말씀대로 살아야 한다. 그러지 못하면 양육하거나 책망을 할 수 없다.

"미쁜 말씀의 가르침을 그대로 지켜야 하리니 이는 능히 바른 교훈으로 권면하고 거슬러 말하는 자들을 책망하게 하려 함이라"(딛 1:9).

목회자에게 요구되는 최우선은, 말씀을 가르치고 그 가르친 대로 깨닫고 알아서 그대로 삶에 녹여 내고 그 말씀을 지키는 자가 되는 것이다. 목회자는 자신이 선포하는 말씀대로 살아가려는 신실함을 유지하고 가꾸어야 한다.

③ 모든 믿는 자들의 본이 됨.

"누구든지 네 연소함을 업신여기지 못하게 하고 오직 말과 행실과 사랑과 믿음과 정절에 있어서 믿는 자에게 본이 되어"(딤전 4:12).

목회자는 언제나 모든 믿는 자들에게 말과 믿음과 사랑과 정절과 행실에서 본이 되어야 한다. 믿는 자들은 교인을 염두에 두는 말씀이다. 목회자는 교인들에게 본이 되어야 하는 것이다.

"내가 그리스도를 본받은 자가 된 것같이 너희는 나를 본받는 자가 되라"(고전 11:1).

본이 되는 것이 목회자의 덕목이며, 본질적 자세이다.

④ 모든 믿지 않는 자에게 자신의 성숙을 드러냄.

"이 모든 일에 전심전력하여 너의 성숙함을 모든 사람에게 나타나게 하라"(딤전 4:15).

목회자는 지속적인 자기 계발과 자기 관리를 통해 자기 성숙을 이루어 가야 한다. 목회자는 교회 안에서만의 성숙이 아니라, 믿지 않는 사람들을 포함하여 '모든 사람'에게 영적 지도자로서 자신의 성숙함을 나타내어야 한다. 최근 한국교회에 나타나고 있는 많은 문제들은 하나님의 말씀인 '이 모든 일에', '모든 사람에게', '너의 성숙함을' 나타내지 못하는 데 그 원인이 있다. 이 말씀은 목회자의 본질이며, 기본적인 자질이 어디까지 영향을 미치는지 나타내는 것이다.

(3) 목회자의 역할

목회자에게는 주께서 위임해 주시고 맡겨 주신 양들을 먹이고 돌보는 목자의 역할이 우선일 것이다.

> "내 어린 양을 먹이라…내 양을 먹이라"(요 21:15, 17).

목회자는 교회 안의 양을 치는 목자이다. 양을 치는 목자를 양치기라고 한다. 양치기는 기본적으로 양을 살피고 보호하고 치유하고 돌보는 역할을 하는 사람이다. 목회자는 교인들을 영적으로 훈련하는 훈련가의 역할을 하는 사람이다. 체계적인 신학 훈련을 받고 주님의 제자로서의 삶을 살아왔기에 교인들을 주님의 제자로 세워 가기 위해 훈련하는 훈련가이다. 또한 영적인 멘토이다. 한 사람 한 사람을 섬기는 멘토로서의 사역을 감당하는 사람이다.

예수님께서 삭개오를 찾으시고 함께 유하셨다. 우물가의 여인을 만나기 위해 가던 길 멈추시고 사마리아로 가셨다. 니고데모를 만나셨고, 도마를 만나 부활하신 자신을 보여주셨다. 예수님의 멘토링을 닮아 사역하는 사람이 목회자이다. 목회자는 교회 공동체를 경영하는 경영인기도 하다. 교회 공동체를 운영하기 위해서는 재정, 조직, 시스템, 인사, 프로젝트 운영, 목회 정책, 목회 계획 등 공동체를 경영하는 경영자의 역할도 감당하여야 한다. 담임목사의 청빙 과정에서 이러한 역할을 감당할 수 있는 역량을 갖춘 목회자를 모셔야 하고, 목회자 역시 이러한 역량을 갖추어야 한다.

담임목사 청빙을 준비하는 많은 교회들이 성경적이며 실질적인 자격 요건보다는 외형적인 여러 스펙만을 보고 청빙을 결정함으로 인해 갈등과 문제가 야기되고 있다. 신앙의 진실성과 그 목회자의 삶과 행위들이 복음에 얼마나 적합한가를 신중하게 판단하여야 할 것이다. 성경적인 적합성이 배제된 청빙은 교회 스스로 모순에 봉착하게 되고 이미 문제를 안게 되는 것이다. 이러한 실질적이며 성경적인 검증을 할 수 있는 제도적 장치와 절차상의 방안을 가져야 한다.

2) 목회자의 성경적 지위

목사는 인간적 본성이나 하나님의 자녀로서의 신앙적 측면에서는 일반 교인들과 구별되지 않지만, 그 직분으로 인하여 분명하게 구별된다고 하였다. 개혁교회의 전통을 따르는 목사의 직분은 다음과 같다(한국기독교장로회 총회 편〈한국기독교장로회 헌법〉에 준한다).

① 그리스도의 양 떼를 보살핀다는 의미로서의 '감독'(벧전 2:25)
② 영적 양식을 나누어 먹이고 양을 위해 목숨을 버린다는 의미로서의 '목자'(렘 3:15; 요 10:11)
③ 교회에서 그리스도를 섬긴다는 의미로서 '주의 종'(빌 1:1)
④ 신중하고 침착하게 의무를 다하고 양들의 모범이 되며, 믿음으로 가정과 교회를 잘 다스린다는 의미로서의 '장로'(벧전 5:1, 3)
⑤ 하나님의 뜻을 선포하고 하나님과의 화해를 권하기 위하여 보냄을 받았다는 의미로서의 '하나님의 사자'(고후 5:20; 고전 12:28)
⑥ 하나님의 은사를 나누어 주고, 그리스도의 명령을 행한다는 뜻에서의 하나님의 비밀을 맡은 자로서의 '청지기'(눅 12:42; 고전 4:1)

목사는 자신의 직분을 무흠하게 감당하여야 한다. 목사의 성경적 직분의 특성은 헌신, 섬김, 모범, 보냄 받은 자, 청지기와 같은 것들로 규정한다. 그러므로 목사는 자신 스스로 하나님 앞에서 신실하게 살아야 하고, 교인들의 모범이 되어야 하며, 삶의 모든 영역에서 자기 관리를 성실히 하여야 한다. 그러한 요구는 목사직의 특성상 자신을 위한 삶을 도모하기보다는 교회와 교인들을 위한 삶의 요구이며, 목사직이 갖는 개념이기 때문이다. 그만큼 목사는 위로부터의 소명이 강조되고, 다른 직분과 달리 세상과 다른 윤리적 기준을 요청받는 것이다.

따라서 한국교회에 불거진 담임목사 청빙 문제는 결국 목사직의 성경적 이해에 대한 왜곡 현상이라 할 수 있다. 그것은 무엇보다 목사직에 대한 정체성의 혼돈에서 비롯되었다고 하겠다. 목사의 정체성은 목사 직분에 대한 본인의 인식과 품위를 가지고 사역에 임하는 것이다.

또한 목사의 정체성은 초대교회 사도들의 편지에서도 발견할 수 있다.

"여러분 가운데 있는 하나님의 양 떼를 먹이십시오. 그들을 잘 감독하십시오. 억지로 할 것이 아니라, 하나님의 뜻을 따라 자진해서

하고 더러운 이익을 탐하여 할 것이 아니라, 기쁜 마음으로 하십시오. 여러분은 여러분에게 맡겨진 사람들을 지배하려 하지 말고, 양 떼의 모범이 되십시오"(벧전 5:2, 현대어성경).

이처럼 목사의 정체성을 상고하고 목사직에 대한 성경적 각성이 요구되는 시대에 마주한 한국교회의 담임목사 청빙 문제는 목사 스스로가 목사의 정체성과 직무의 성경적 근거가 자신의 가치가 되는 것에서 해결의 실마리를 찾을 수 있다.

"이와 같이 우리가 하나님의 자비하심을 힘입어서 이 직분을 맡았으므로 우리는 낙심하지 않습니다. 부끄러워서 드러내지 못할 일들을 우리는 배격하였습니다. 우리는 간교하게 행하지 않고 하나님의 말씀을 왜곡하지도 않습니다. 우리는 우리를 스스로 선전하는 것이 아니라 예수 그리스도를 주님으로 선포합니다. 우리는 예수를 따르므로 우리를 여러분의 종으로 내세웁니다"(고후 4:1-5, 현대어성경).

목사는 자기 갱신과 더불어 언제나 목회자 본연의 자세를 자각해야 하며, 교인들은 자신의 신앙을 이끌어갈 담임목사를 청빙함에 있어서 반드시 그 절차의 공정성을 이루고 각 교회에 합당한 담임목사를 청빙하여야 한다. 한국교회가 이 시점에서 목사직에 대한 올바른 이해를 통하여 목사 청빙의 방법을 개선하지 않으면 그 미래가 암담해질 수도 있기에 교회와 목사 모두에게 더욱 깊은 자기 성찰과 반성이 필요하다.

3) 목회자의 교회법상 지위

목사는 하나님의 말씀으로 교훈하며, 성례를 거행하고, 교인을 축복하며, 장로와 협력하여 치리권을 행사한다. 이와 같이 목사의 기본적인 지위와 권한은 말씀 선포, 성례 거행, 축복권, 치리권 등의 행사에 있다. 이를 위해 개체 교회의 담임목사(위임목사)는 개체 교회의 치리기관인 당회의 회장이 되며, 최고 의사결정기관인 공동의회(사무총회)의 의장, 제직회의 회장이 된다.

그런데 이러한 회의 체제는 제도상으로는 다수결 등 민주적인 방법으로 의사 결정을 하도록 되어 있지만, 종교지도자들이 흔히 가지는 카리스마와 결합하여 담임목사의 영향력 아래 있는 경우가 많다.

대한예수교장로회(통합)의 헌법에 따르면, 담임목사의 자격은 신앙이 진실하고 행위가 복음에 적합하며 가정을 잘 다스리고 타인의 존경을 받는 자로서 1) 무흠한 세례교인으로 7년을 경과하며, 2) 30세 이상 된 자로서 총회 직영 신학대학원을 졸업한 후 2년 이상(전임) 교육 경험을 가진 자, 3) 총회 목사고시에 합격한 자여야 한다. 4) 이 외에도 예장 총회 교단은 총회 결의를 통해 외국 시민권자는 총회 산하 목사가 될 수 없다고 규정하고 있기에 대한민국 국적을 가진 자여야 한다.

4) 목회자의 민법상 지위

목회자 중에서도 개체 교회의 담임목사는 교회 대표자로서 법적 지위를 가진다. 비법인 사단(非法人社團)으로서 교회의 대표권이 부여되는 것이다.

비법인 사단은 비영리 단체로서 일정한 목적에 따라 결성되어, 사단으로서의 실체는 갖추었으나 법인격을 갖추지 않고 법인 설립 등기를 하지 않은 사단을 말한다. 법적 용어로는 권력 없는 사단, 법인격 없는 사단, 법인 아닌 사단 등으로 불린다. 우리나라 교회들은 아무리 신자가 많이 모이는 대형 교회라 할지라도 사단법인 설립 등기를 하지 않은 채 비법인 사단으로 남아 있는 경우가 대부분이다.

이러한 비법인 사단으로서의 교회는 규약(정관)이 제정되고 교회 대표자와 조직을 갖추면 교인 수에 관계없이 민법상 교회로 인정된다. 아울러 개체 교회의 담임목사는 교회의 대표자라고 한다. 담임목사는 교회로부터 담임목사로 청빙을 받고 노회의 위임을 받았다는 의미에서 위임목사라고 하며, 당회가 조직되어 있는 교회에서는 담임목사가 자연적으로 당회장이 되므로 당회장 목사라고 부르기도 한다.

사단법인의 대표는 사단을 대표하여 재판 외의 모든 행위를 할 수 있다. 담임목사의 대표성은 교회의 권리능력 범위에 포함되는 모든 사항에 대해 교회를 대표한다. 담임목사는 성경적 지위뿐 아니라 교회법과 민법상 대표의 지위를 가진 자이기에, 개체 교회 담임목사를 청빙할 경우 그 청빙 과정이 공정하고 객관성이 확보되어야 하며, 전문성이 내포된 심의가 이루어져야만 한다. 교회와 교인들은 청빙의 대리자로서 청빙 절차 과정에서 객관적 공정성을 담보해야만 한다.

5) 담임목사가 되는 길

한국교회에서 목사로 소명 받은 이들의 최종 목표는 담임목사가 되는 것이다. 부목사로서 은사와 능력이 탁월한 목회자라 해도 한국교회의 풍토에서는 장기 목회가 불가능하다. 그러다 보니 당연히 담임목회를 하려고 한다. 그렇지만 담임목회가 그리 용이치 않음은 한국교회의 현실이다. 이러한 정황에서 담임목사가 되는 방법은 '청빙'을 받거나 '분립 개척'을 하거나 직접 '교회 개척'을 하는 것이다. 또는 매매와 거래를 통해 교회를 매입하는 방법도 있다. 물론 '팀 목회' 또는 '교회 합병'을 통해 담임목사로 부임하기도 한다.

자신의 은사와 역량, 그리고 준비하고 구비해 온 내용에 따라 그것에 준한 사역을 꿈꾸며 한국교회의 다양한 목회의 장에 도전하기보다는 궁극적으로 담임목사를 하려는 풍토가 한국교회에 깊이 뿌리내려 있다. 교인들조차도 팀 목회나 공동 목회보다는 1인 목회자를 원하고 있다. 이는 한국교회 문화에도 자리하고 있는 유교적 관습의 정서와 배경 때문일 수 있다.

목회자라 하여 반드시 담임목사가 되어야 하는 것이 아니다. 역으로 담임목사가 되어야만 목회자가 되는 것 또한 아니다.

오랜 기간 연구소 사역을 감당하며 다양한 사역을 하는 목회자들을 만날 기회가 많았다. 그 가운데는 담임목회보다는 다른 영역에서 사역을 펼치면 참 좋겠다고 생각되는 목회자도 의외로 많았다.

15년간 한 교단의 교육 파트 사역을 맡은 목회자가 있었다. 끊임없이 담임목회 자리를 바라고 고민하고 있는 그에게, 교육기관 또는 교육 컨설턴트가 되어 그동안 사역의 경험과 모든 역량을 발휘하라고 권면하였다. 여러 교회들을 순회하며 교육을 돕는 사역에 대한 길을 소개했다. 그러나 여전히 담임목사의 길을 고수하며 수년이 지난 지금도 담임목회자의 자리를 찾고 있다.

그러므로 담임목사 청빙 절차의 혁신은 그 의미가 매우 크다. '하나님의 부르심' 그 사명의 자리보다는 '담임목사의 목회'에 집중되어 있는 것이 한국교회의 현주소이기에 그렇다.

한국교회는 어떤 형태로 담임목사를 세우고 있는지 함께 살펴본다.

(1) 청빙

한국교회 목회자들의 간절한 바람은 말 그대로 '청빙'으로 담임목사가 되는 것이다. 청빙, 말 그대로 '담임목사를 모셔 오는 것'이다. 이렇게 청빙되어 가는 것이 가장 이상적인 형태이다. 이것이 순수한 의미에서의 청빙이다. 청빙 본연의 의미에 따라 교회는 자신들의 영적 지도자를 모시는 것이므로, 심의를 거쳐 채용하는 형태를 벗어나야 한다.

한국교회의 건강한 모습은 청빙 문화의 변화에서도 충분히 비쳐질 수 있게 해야 한다. 무엇보다 중요한 것은, 목회자 스스로의 인식 속에 '하나님의 종'이라는 당당함을 갖는 것이다. 공모에 응하는 모습, 추천을 받기 위해 이력서를 내는 모습, 은퇴를 앞둔 교회에 촉을 세워 기회를 얻기 위해 로비 활동을 하는 모습, 언제든 새로운 사역의 장으로 옮길 마음의 자세 등 이러한 모습은 목사의 직분을 직업군의 하나로 전락시키는 것임을 분명히 알아야 한다.

(2) 분립

중·대형 교회가 지 교회를 설립하고 본 교회의 인적·물적 자원을 분립하는 형태이다. 그때 본 교회의 부목사 가운데 지 교회의 담임목사를 세운다. 향후 교회 개척은 분립 개척이 가장 이상적이라고 확신한다. 하지만 편법으로 본 교회 담임목사의 아들이 분립하여 개척하는 사례가 적지 않다.

《Church Planting》이라는 책을 통해 필자는 바람직한 교회 개척이 무엇인지 언급하였다.[4] 교회가 교회를 개척하는 것이 건강한 교회 개척 모델이다. 교회가 반드시 대형화되어야 하는 것이 아니다. 앞으로 한국교회는 중형 교회로 자리매김이 될 것이다.

장년 출석 교인 250여 명, 다음 세대 100~150여 명으로 구성된 건강한 교회로 재배치되어야 한다. 그 이상의 규모에서, 목회자는 목자의 자세를 상실하기 쉽다. 그 이상의 교회 규모는 목장을 벗어나기 때문이다. 이런 까닭에 분립 개척을 통한 담임목사로의 역할과 지위를 권한다.

(3) 매매

여러 이유로 교회 매매가 이루어지고 있다. 은퇴하는 목회자에게 은퇴금을 드리지 못하는 상황에서 후임자가 일정 금액을 지참하여 부임하거나, 재정적으로 어려운 교회에 재정 일부를 해결해 주면서 부임하는 경우이다. 또는 전임자가 후임 목사와 은밀한 거래를 할

---

4) 김성진, 《Church Planting》 (경기 광주: 목회전략컨설팅연구소, 2006).

수도 있다. 그리고 중·대형 교회가 인근 어려운 교회를 매입하여 목회자를 파송하는 경우도 여기에 해당된다.

(4) 교회 개척

부교역자로 사역하다가 일정 기간이 되면 담임으로 나가야만 하는 제도적인 관례가 있다. 부교역자 임기는 교회마다 다르지만, 아직 담임목회 준비가 되어 있지 않음에도 불구하고 자리를 비워야 하는 구조이다. 이는 반드시 혁신되어야 한다.

마땅히 부임할 자리를 찾지 못한 목회자는 교회 개척을 사명으로 삼고 개척하는 순간 담임목회자가 된다. 한국교회의 80% 이상 이러한 방식을 따르고 있다. 그러나 모두가 이미 알고 있듯이 1990년대부터 한국에서의 교회 개척은 녹록지 않았다. 간혹 여러 정황이 잘 맞아 성공적인 개척이 이루어진다고 하지만 그 확률적 비율은 매우 낮다. 대략 250:1의 비율로 개척 교회가 성공적으로 자립한다. 교단 차원의 교회 개척 전략에 변화가 시급하다.

(5) 교회 세습

'세습'이라는 용어 사용은 여전히 불편하지만, 교회 세습을 설명한다면 교회의 전임 목회자 아들이나 혹은 사위가 이어받아 담임이 되는 형태를 말한다. 교회 세습의 가장 큰 도전은 목회 세습이 아닌 교회 세습으로 전락하게 되는 것이다. 세습으로 담임목회자가 되기도 한다.

담임목사가 되는 길, 목회자의 궁극적인 종착지가 담임목사가 되어야 하는 현실적 문제에 대한 지속적인 연구가 요구되는 시점이다.

여기서는 '청빙' 시스템으로 담임목사가 되는 길에 대한 방향을 재조명해 보려고 한다.

6) 청빙에 임하는 목회자의 자세

청빙에 임하는 목회자의 자세를 살펴본다. 청빙 후보자로 이력서를 제출하거나 후보자로 거론되어 청빙을 받게 되었을 때, 목회자의 정체성(정의)을 돌아보며, '목회자가 어떠해야 하는가?'라는 물음으로 참여해야 하는 것은 물론이다. 그와 동시에 하나님의 인도하심을 확인하고, 하나님의 뜻에 부합되게 청빙에 참여하는가를 스스로 확인해야 한다. 목회자로서 스스로 당당해야 하고, 무엇보다 청빙에 응하려는 그 목적의 순수성과 사명감을 확인해야 한다. 교회 부임은 전적인 하나님의 섭리적 역사이며 이끄심이기 때문이다.

청빙이 현 사역지에서의 어려움 때문에 사역지를 옮기려고 하는 것이거나, 목회적인 야망을 이루기 위한 방편이어서는 안 된다. 그 절차에 참여함에 있어 성실하고 정직해야 한다. 임기응변적인 태도, 인간적이고 세속적인 방법으로 물질이나 인맥을 동원하려는 의도와 생각을 철저히 배제해야 한다.

목회 컨설턴트의 소명

> 1999년 나는 내 삶이 멈춰 버린 것을 깨닫게 되었다. 21세기가 요란스럽게 다가오는 길목에서, '나는 21세기를 어떻게 맞이할 것인가? 나는 이대로 이렇게 삶을 살 것인가?' 깊은 시름에 빠져 있었다. 그 당시 나는 삶과 사역의 정지 신호 앞에 서 있었다. 어떻게 살아야 할 것인지, 어떤 사역을 할 것인지 고민하면서 스스로에게 끊임없는 질문을 던졌다.
> '내가 가장 잘할 수 있는 것은 무엇인가?,' '나는 무엇을 할

때 가장 행복하며 신나는가?'

한순간, 머리와 가슴에 빛이 번뜩였다. '인생의 진로와 사역의 방향, 그 갈 바를 찾는 나와 같은 이들을 상담하고 그들을 돕고 싶다.' 그리고 소박한 동기부여 강사로 그들 앞에 서서 강의하는 모습이 떠올랐다. 그 순간 나는 모든 시름과 염려, 그리고 두려움조차 사라지고 열정으로 가득 찼다.

"그래, 21세기를 이렇게 사는 거야! 작은 세미나를 열어 동기를 부여하고, 그들에게 구체적인 방향을 제시하는 컨설턴트가 되는 거야!"

이렇게 나는 내 삶과 사역의 방향을 바꾸었다.

진정 안타까운 것은, 하나님의 구체적인 부르심 없이 안수를 받고, 사명에 따른 사역지가 어디인지 알지 못하는 경우이다. 마땅한 사역지가 없지만 담임목회를 해야 한다는 당위성으로 교회 개척을 하거나, 어느 교회에 담임목사 자리로 들어가기 위해 취업하듯 치열한 경쟁 속으로 들어가는 경우가 허다한 현실이다.

중소형 교회의 경우, 이력서가 수없이 접수된다. 과연 이 모두가 하나님의 인도하심과 사명, 자신의 목회적 소신으로 이끌림 받은 것인지 의아하다.

이러한 현실이니, 담임목사를 모시려는 교회 역시 하나님의 부르심에 따라 부임하는 목회자를 위해 기도로 먼저 준비하며 가장 성경적인 방법을 찾고 성령님의 인도하심을 받으려 하기보다는 고용주의 입장에서 담임목사를 채용하기 쉽다.

그렇기에 목회자 스스로 먼저 외인에게도 부끄럽지 않은 선한 증거를 가져야 한다.

> "또한 외인에게서도 선한 증거를 얻은 자라야 할지니 비방과 마귀의 올무에 빠질까 염려하라"(딤전 3:7).

지방의 교회로 부임할 경우, 유독 그 지역에서도 그 교회의 새로운 담임목사에 대한 관심이 고조된다. 그러므로 청빙 절차는 목회자와 해당 교회의 교인들 모두가 그리스도인의 성숙도를 지역에 본으로 보일 수 있는 계기가 될 수 있다.

청빙을 고려하는 목회자는 다음과 같은 내용을 우선 정리해 보고, 과연 그 교회의 청빙에 응해야 할 것인지 가늠해야 할 것이다.

① 목회 철학서
② 자신의 목회 색깔(자신의 사역 이미지 혹은 사역 브랜드)
③ 자신의 가치관
④ 자기 준비 점검(자신이 어떤 훈련과 교육을 받았는지에 대한 자신이 경험한 사역들)
⑤ 가족과 합의된 사역 및 존경받는 삶(사역과 가정과 교회의 조화와 균형)
⑥ 자신의 정체성과 자아상 점검
⑦ 교회관과 목양관
⑧ 다음 세대를 위한 목회적 견해와 준비 점검

청빙에 임하는 목회자의 자세와 준비를 점검하고, 본인이 추구하는 목회상이 청빙하는 교회와 얼마나 일치되고 조화로운지를 확인하기 바란다.

위에 언급된 각 영역에 대해 점검하고 미리 정리해 두어야 한다. 한국교회 담임목사 중 얼마나 많은 이들이 자신의 정돈된 목회철학에 근거한 목회를 하고 있는지 매우 궁금하다. 자신을 부르신 하나님 앞에서 나는 어떤 목회를 할 것인지, 그러한 목회를 하려는 배경이 무엇인지, 목회자에게 위임해 주신 주님의 교회는 무엇이라 규정할 것인지, 교회의 5대 기능에 대한 목회의 관점은 무엇인지, 목회자 자신의 강점과 약점은 무엇인지, 자신의 목회 가치관은 무엇인지를 언제 어디서든 누구에게든 소개할 수 있는 목회자가 얼마나 있을까? 어떤 교회의 청빙 소식을 접하고 공모에 따른 첨부서류를 제출하기 위해 준비하는 것이 과연 옳은 것인지, 스스로 물어야 하지 않을까?

이러한 준비가 되어 있어야 하는 분명한 이유가 있다. 지원하려는 그 교회가 내가 꿈꾸어 오고 구현하고 있는 목회와 일치하는가를 물어야 하기 때문이다. 청빙 공고를 낸 교회의 외형적인 규모와 명성을 살피는 것이 아니라, 자리를 옮기고 이직하는 형태로 마치 직장을 구하듯 급하게 이론적인 서류를 만들어 내는 것이 아니라, 체득화로 구비되어 그 안에 신념과 철학 그리고 가치관이 선명하여 그 교회와 얼마나 일치하는지를 당당히 보일 수 있어야 하기 때문이다.

만약, 담임목사의 부임을 계획하거나 담임목회를 바라는 목회자라면, 어느 교회의 공고와 소식을 접하기 전에 자신의 목회 전반에 대해 위에 제시한 항목들을 지금부터라도 정리해야 한다.

2. 청빙에 대한 신학적 고찰

 1) 구약의 사례

역사적으로 볼 때 구약시대에는 아론의 제사장직이 세습되었으며, 다윗의 왕가에서도 왕직이 세습되었다. 그러나 이스라엘의 혈족주의는 예수 그리스도에게서 정죄되었고, 진정한 이스라엘은 육적 후손이 아니라 영적 후손임을 바울이 분명히 하였다. 예수님은 가족을 사랑하셨으나 영적 측면에서는 지나칠 정도로 혈족의 의미를 무시하셨다.

"누가 내 어머니이며 내 동생들이냐…누구든지 하늘에 계신 내 아버지의 뜻대로 하는 자가 내 형제요 자매요 어머니이니라"(마 12:48-50).

그리고 그의 제자들에게 혈족주의적 사고를 버리도록 명령하셨다.

"아버지나 어머니를 나보다 더 사랑하는 자는 내게 합당하지 아니하고 아들이나 딸을 나보다 더 사랑하는 자도 내게 합당하지 아니하며"(마 10:37).

따라서 교회는 철저히 혈족주의를 부정하고 하나님 아버지를 모신 영적 가족의식을 중심으로 형성, 발전되었다.[5]

더 나아가, 라합의 이야기로 시작된 여호수아서의 기록은 아간의 범죄를 거쳐 기브온 주민들에 대한 이야기로 이어지는데, 여기서도 확인이 가능하다. 기브온 주민들과 이스라엘이 언약을 맺게 된 과정이 완전하지는 않지만, 결과적으로 기브온 주민들은 비록 나무 패고 물 긷는 종의 신분이기는 하지만 하나님의 백성 공동체의 일원이 된다. 이 기브온 주민들의 실례 역시 혈연이 아니라 언약이 하나님의 백성 공동체의 기준이 됨을 보여준다.[6]

---

5) 이정석, "목회 세습이 바람직한가?"[2000년 9월 5일(화)에 기독교윤리실천운동, 복음과 상황 주최로 열린 공동 포럼 "대형 교회 담임목사 세습 문제와 대응 방안"에서 발표된 문건].http://seban.kr/13.오덕호 참조.
6) 전성민, "교회 세습에 대한 구약학적 고찰", 교회세습반대운동연대 학술 심포지엄 (2013. 8).

엘리 제사장의 두 아들인 홉니와 비느하스가 제사장 승계를 받았지만 하나님의 궤는 빼앗겼고 엘리의 두 아들 홉니와 비느하스는 죽임을 당하였다(삼상 4:11). 그 후 사무엘이 제사장직을 승계하였다. 사무엘은 늙어 그의 아들인 요엘과 아비야를 사사로 세우는데, 그렇게 계승된 사사들은 "이익을 따라 뇌물을 받고 판결을 굽게 하여"(삼상 8:3) 원성을 샀다. 이것이 계기가 되어 이스라엘 백성들은 장로들을 중심으로 사무엘에게 왕을 요구하였다.

이스라엘의 초대 왕이었던 사울 왕의 경우, 그의 아들 요나단이 왕위를 이어받지 못하고 새로운 인물인 다윗이 그때 왕이 되었다. 물론 사울 왕의 잘못으로 인하여 일어난 일이지만 구약에서의 왕위 승계는 자녀에게만 이루어지는 것이 아니었다. 모세와 여호수아의 승계, 엘리에 이은 사무엘, 엘리야를 승계한 엘리사 역시 혈연과 무관하다. 모세나 엘리야의 권위로 후임에게 리더십을 승계한 것은 아니다.

구약의 지도자 선임은 혈연주의와 권위주의에 의한 승계로만 이루어진 것이 아니라 하나님의 마음과 뜻에 부합된 지도자들이 승계를 하게 되었다. 청빙 절차가 적법하다 할지라도 하나님의 백성에게 요구되는 삶의 수준은 단순히 법을 지키는 정도가 아니다. 법은 자칫 잘못되면 권력 이행으로 왜곡될 수 있고, 법의 실행 역시 얼마든지 그 절차상 적법하게 보이도록 할 수 있기에, 법의 절차상 문제 없음이 해결 책이 될 수 없다.

만약 구약의 왕위 계승이 하나의 모본이 되어 담임목사의 자녀 승계로 이어진다면 왕정주의에 해당하는 것이 된다. 물론 담임목사의 자녀도 후임 목회자의 청빙 자격 요건이 되면 후보로 지원하여 타 후보들과의 공정한 절차를 따른다면 문제가 없겠지만, 대부분 자녀 승계 유형은 단일 후보로 내정되어 담임목사와 동사를 하고 있는 현실이므로 이미 공정하고 정당한 절차에서 벗어나 있다.

2) 신약의 사례

(1) 바울의 교회관

사도 바울이 복음을 전하고 선교 활동을 하면서 초대교회를 형성하던 시기에 그는 자신이 개척을 한 한 교회에 오래 머물지 않았다. 사도 바울은 예수님 재림의 임박성을 갖고 사역에 몰입했고, 그 스스로 종말론적인 삶을 살았다. 사도 바울은 육신을 돌보거나 자신의 개인적 삶을 누리거나 평안함을 추구하기보다는 복음 전파에 헌신하였다.

"너는 말씀을 전파하라 때를 얻든지 못 얻든지 항상 힘쓰라 범사에 오래 참음과 가르침으로 경책하며 경계하며 권하라"(딤후 4:2).

복음 전하는 일에 자신의 모든 역량을 집중하였다. 자신이 세운 교회의 지도자로 누구를 세워야 하는지에 대한 관심은 없었다. 고린도 교회를 개척하고 떠난 뒤 고린도 교회에 분파가 있음을 들었을 때(고전 1:11), 즉 바울에 속한 사람 대 아볼로에게 속한 사람들로 나뉘고 있었다는 사실을 전해 들었을 때에도 사도 바울은 우리는 모두 동역자임을 강조했다.

"그런즉 아볼로는 무엇이며 바울은 무엇이냐 그들은 주께서 각각 주신 대로 너희로 하여금 믿게 한 사역자들이니라"(고전 3:5).

"우리는 하나님의 동역자들이요 너희는 하나님의 밭이요 하나님의 집이니라"(고전 3:9).

교회의 담임목사가 누구든지 전체 교회가 하나 되는 것이 교회의 본질임을 밝히고 있다.

'교회'는 '성도들의 모임'이다. '성도'는 '거룩한 자'라는 의미이며, 불러낸 자들의 모임을 헬라어로 '에클레시아'^Ekklesia, 즉 교회라고 한다. 고대 그리스와 헬레니즘 시대의 에클레시아는 '투표권을 지닌 자유 시민들이 정기적으로 모이는 모임'이라는 정치적 의미로도 사용되었다. 초기 교회도 세상과 구별되었다는 의식을 가지고 정기적으로 모였기에 에클레시아라고 부른 것이다. 교회에는 모임의 성격을 가지고 있는 공동체라는 의미가 내재되어 있다. 나아가 사도 바울은 교회를 그리스도의 몸이라고 하였다(고전 12:12-13).

교회는 건물이 아니라 사람들이고, 교회 구성원인 각 개인은 한 몸을 이루는 지체임이 강조된다. 우리 몸의 지체들이 연결되어 살아가듯이 교회 역시 각각의 개인들이 하나님께서 주신 능력과 은사를 따라 연결되고 상합하여 살아가는 유기체이기에, 사람이 드러나는 것이 아니라 그리스도가 드러나야 한다.

"그에게서 온몸이 각 마디를 통하여 도움을 받음으로 연결되고 결합되어 각 지체의 분량대로 역사하여 그 몸을 자라게 하며 사랑 안에서 스스로 세우느니라"(엡 4:16).

(2) 신약의 동역자 이해

영적인 지도자들의 위치와 역할은 높고 낮음이 없다. 마가복음 10장 35-45절에 의하면, 예수님의 제자인 요한과 야고보의 간절한 바람에 대한 예수님의 답은 오늘날 우리 교회의 영적 지도자들의 의식에 뿌리내려야 한다.

> "내 좌우편에 앉는 것은 내가 줄 것이 아니라 누구를 위하여 준비되었든지 그들이 얻을 것이니라…너희 중에 누구든지 크고자 하는 자는 너희를 섬기는 자가 되고 너희 중에 누구든지 으뜸이 되고자 하는 자는 모든 사람의 종이 되어야 하리라"(막 10:40-44).

신약에서는 영적 지도자의 자세를 명확하게 밝히고 있다. 첫째는 '섬기는 자'여야 하며, 둘째는 '종 된 자세'를 가진 자여야 한다.

사도 바울은 동역자 개념을 명확하게 하고 있다.

"그리스도 예수를 위하여 갇힌 자 된 바울과 및 형제 디모데는 우리의 사랑을 받은 자요 동역자인 빌레몬과"(몬 1:1).

우선 사도 바울이 생각하는 디모데는 자신이 영적으로 낳은 아들이지만["내 아들아"(딤후 2:1)] 그를 형제로 존중하였음을 볼 수 있다. 그리고 빌레몬에게 서신을 보내면서 동역자로서의 지위를 부여하였고, 복음 사역을 위해 헌신하는 빌레몬을 동역자로 일컬었다. 그리고 빌레몬의 의식 속에 사도 바울을 동역자로 인식하고 있음을 깨우쳐 주었다.

"그러므로 네가 나를 동역자로 알진대 그를 영접하기를 내게 하듯 하고"(몬 1:17).

더 나아가, 서신서의 말미에 자신의 동역자들의 이름을 기록하면서 그들을 '동역자'라고 일컫고 있다.

"또한 나의 동역자 마가, 아리스다고, 데마, 누가가 문안하느니라"(몬 1:24).

우리 교회의 모든 교인들은 복음 사역과 하나님의 교회를 세워가는 데 함께 지체가 된 동역자들이다. 각자의 은사와 역할을 따라 한 몸을 이루어가는 하나님의 동역자들이다.

교회는 예수님의 지상 사역이 마감되고 난 후 이루어지기 시작했다. 주님께서 승천하신 후 예루살렘에 교회가 형성되었고, 그 교회의 지도자로 베드로, 요한, 야고보를 세웠다(갈 1:16-24). 갈라디아서에 기록된 야고보는 예수님의 12제자 중 한 사람인 야고보가 아니라 예수님의 동생 야고보이다. 예수님의 동생인 야고보가 어떻게 복음을 받아들이고 제자가 되었는지 성경을 통해 알 수 없지만 그가 지도자 중 한 사람이 된 것은 틀림없다. 그 이후 예루살렘 교회의 영적 지도자들은 어떤 과정과 절차로 지도자가 되었는지 알 수 없지만 12사도의 직·간접적 혈연관계에 의한 혹은 권위적인 승계를 한 흔적은 없다.

그러므로 자의적인 청빙 절차로 교회의 영적 지도자를 뽑을 것이 아니라, 가장 성경적이고 객관적이고 투명하게 그리고 공정한 절차로 청빙이 이루어지도록 해야 하고, 그 누구든지 타당성이 있는 그런 지도자를 주님의 몸 된 교회에 세워야 한다.

3. 담임목사 청빙 유형

1) 담임목사 청빙이란?

청빙의 사전적 의미는 '부탁하여 부름', '청하여 부름'이다.[7] 청빙은 교회 공동체가 하나님의 부르심을 확인하고 수행하는 과정이며, 또한 교회의 청빙 과정은 하나님이 주신 선물, 즉 특별한 성령의 은사인 '위로부터의 부름'과 믿음 공동체가 기대하고 요구하는 '아래로부터의 부름' 사이에 놓인 강조점을 유지하려는 노력 가운데 거룩한 긴장감으로 임해야 한다. 교회가 갖는 담임목사 청빙 문제는 교회가 교회 되게 하고 교회가 지닌 정체성을 견고히 하는 것이며, 그 정체성을 세우는 것이다.

---

7) 김남석, "목사 청빙에 대한 목회 윤리적 반추", 〈대학과 신학〉 24.6(2013), 127.

오늘과 같이 목회자 채용의 의미로 청빙이 진행된다면 불공정 채용이 이루어질 가능성이 매우 높다. 불공정 채용이란, '공개 경쟁 채용' 절차에 있어, 사전에 정해진 기준에 준한 구직자의 경험과 직무 능력 등이 아닌 자의적인 다른 요소에 의해 당락이 결정되는 채용이라 할 수 있는데, 여기서 '자의적 요소'라 할 수 있는 것은 기업 내 채용 권한이 있는 채용위원이 아닌 제3자의 개입, 사전에 고지된 객관적 기준과 다른 평가 방식, 면접 등 주관적인 평가 권한의 남용 등을 통해 이루어지는 채용이라 할 수 있다.

이와 같이 교회 내에서도 불공정 절차에 의하여 청빙이 진행될 수 있을 뿐 아니라 실제로 빈번히 이루어지고 있는 실정이다.

2) 담임목사 청빙 유형

(1) 세습 승계 유형

세습이란 단어는 재산, 신분, 직업 등이 한 집안에서 대대로 물려지는 것을 의미한다. 그런 의미에서 세습이라는 표현을 교회에 적용하는 것은 적절한 표현이 아니다. 단지 담임목사직을 대대로 물려받는 것으로 직분이 승계되는 것이기에, 교회 세습이라기보다는 '불공

정한 목사직 승계'라고 하는 것이 옳다.[8]

세습 승계란, 전임자가 정년 은퇴 혹은 원로목사로 추대되는 경우 아들이나 친인척을 그의 후임으로 청빙하는 유형이며, 한국교회에서 사회적으로도 가장 화두가 된 것이 세습 승계 유형이다. 세습은 부와 권력 혹은 영향력이 혈연으로 엮어진 선·후대 간에 이전(移轉)되는 것을 의미한다. 최근 대형 교회 중심으로 빚어지고 있는 세습 승계는 이제 교회 내의 문제만이 아닌 한국의 사회 문제로까지 야기되었으며, 이는 교회의 세습이 아니라 담임목사직의 세습이라고 하는 것이 옳다는 주장도 나오고 있다.

세습 승계의 경우 대체로 농어촌 교회나 도시의 소형 교회보다는 중·대형 교회가 많으며, 단기간 목회 후 은퇴하는 경우보다 한 교회에서 장기간 목회 후 퇴임하는 경우는 전임 목사의 영향력이 교회에 크게 미치므로 세습 승계를 하는 유형이다.

교회 표징들의 관점에서 교회의 세습 승계는 교회의 일치성을 훼손하며, 거룩성과 보편성, 그리고 사도성을 훼손하는 일이 된다. 사도성은 하나님의 부름을 받고 그 부름에 따라 이루어지는 권위이며

---

8) 강봉석, "공정한 목사직 승계를 위한 법적 연구", 〈교회와 법〉(2014), 111.

권세이기에, 인위적인 승계가 아니라 객관적이며 공정한 절차에 따라 진행되어야 한다. 전임 목사의 능력이 뛰어나 세습을 해도 좋은 것이 아니라, 세습 승계를 하지 않는 것이 한국교회를 살리는 길이다. 또한 세습 승계를 받는 직계가족이 정말 인격적 자질과 목회적 자질이 준비되어 있는 훌륭한 목회자라면, 독립적인 목회의 길을 걸어간다 할지라도 많은 교회들로부터 환영과 청빙을 받을 뿐 아니라 훌륭하게 목회 사역을 감당해 낼 것이다.

교회 세습의 가장 중요한 문제는 그 청빙 절차의 불공정성에 있다는 것이다. 교회 세습을 시도한 교회의 대부분이 담임목사의 자녀 1인을 대상으로 공동의회[사무총회 혹은 당회(감리교단)]에서 찬반을 묻는 과정만 거치는 것이 문제이다. 다른 후보자들과의 공정한 절차를 따라 청빙 과정이 투명하게 진행된다면 담임목사의 자녀도 후보의 한 사람이 될 수 있다. 핵심은 청빙 절차의 공정성에 있다.

세습 승계 유형이 문제가 되는 것은, 첫 번째로 사유화의 문제이다. 물론 교회는 법적으로든 현실적으로든 완전한 사유화는 불가능하다. 하지만 세습 승계가 된다면 은퇴하는 원로목사와 그를 따르는 지도자들 그리고 원로목사의 뒤를 잇는 아들 혹은 친족들이 교회의 중요한 정책 결정과 집행을 좌지우지할 가능성이 매우 높다. 두 번째, 은퇴하는 목사의 아들이 아닌 다른 사람에게는 기회가 근본적으로 차단된다는 것이다. 이것은 편향성을 갖게 되어 불공정한 절차가 된다. 가능한 한 많은 후보자들에게 평등한 기회를 부여하고 그 가운데서 합당한 자를 선출하는 것이 마땅하다.

이처럼 세습 승계는 한국교회의 갈등 요인과 대사회적 물의를 일으키는 영역 중 하나임이 분명하다. 한국교회 내 세습의 문제는 한국사회 전반에 걸쳐(언론, 사학재단, 재벌) 끊임없이 등장하고 사회적 물의를 일으키며, 국민들의 도덕과 윤리관을 뒤흔들고 있다.

담임목사 청빙의 문제는 단순히 목사만의 문제가 아니다. 한국교회의 급성장 역사 속에서 주요한 직분을 가지고 동역하며 담임목사의 비범한 지도력을 직접 보아온 이들에게도 중요한 문제가 된다.

여기에 '세습 승계 유형'을 옹호하는 자들의 10가지 이유를 소개하고자 한다.[9]

	내 용
1. 교회 안정론	세습이 되어야만 교회가 안정된다고 하며, 특히 대형 교회가 그렇다.
2. 성경적 수용론	구약에서는 제사장직을 승계했으며, 성경은 세습을 금지하는 것을 명시하지 않고 있다.
3. 합법적 절차론	세습을 운운하는데, 교회법에 정해진 절차를 밟았기 때문에 아무런 문제가 없다.
4. 업적론	선대(先代)의 목회자가 많은 업적을 세웠기 때문에 그 아들이 세습하는 것은 문제가 없다.
5. 성직론	목사직은 성직이기 때문에 세속직과 다른 것이며, 세상적인 잣대로 판단해서는 안 된다.
6. 선교 방해론	교회의 문제를 세상에 공개하여 전도의 길을 막는다.
7. 간섭 불가론	남의 일에 간섭하지 말고 자기 일이나 잘하라.
8. 용어 순화론	왜 세습이란 용어를 사용하느냐? 한국교회에 세습은 없으며 승계가 있을 뿐이다.
9. 사례론	외국에도 세습한 교회가 있으며, 성공적인 사례도 많이 있다.
10. 시민운동 일환론	'기윤실'과 '복음과 상황'이라는 악덕업체가 그들의 조직 강화를 위해서 문제를 극대화시켰다.

---

9) 최창규, "한국교회 목회자 승계에 관한 사례 비교 연구" (신학박사 학위 논문, Liberty University School of Divinity, 2016), 16–17.

그리고 세습의 종류 및 정의를 살펴보면 다음과 같다.[10]

	정　의
1. 직계 세습	아들이 아버지의 담임목사직 혹은 교회를 대물림 받아 목회하는 부자 간 세습을 말한다.
2. 사위 세습	사위가 장인의 담임목사직 혹은 교회를 물려받아 목회하는 친인척 세습을 말한다.
3. 동서 간 세습	동서지간에 담임목사직 혹은 교회를 물려주는 형태를 말한다.
4. 지 교회 세습	아버지가 목회하던 교회를 분립하여 자녀에게 재산과 교인을 넘겨주는 형태를 말한다.
5. 교차 세습	서로 교회를 맞바꾸어 목회하는 형태를 말한다.
6. 다자간 세습	교차 세습의 범위가 확대되어 다자간 맞바꾸어 목회하는 형태를 말한다.
7. 변칙 세습	교인들의 반대로 인하여 담임목회자의 아들이 다른 교회의 담임목회자로 부임하고, 그 교회의 목사가 담임목회자로 상호 교환 부임하는 형태를 말한다.
8. 합병 세습	아버지와 아들이 각자 목회를 하던 교회를 서로 하나로 통합(M&A)하는 형태를 말한다.
9. 징검다리 세습	제3자인 인물을 일정 기간 후임으로 청빙한 후에 적당한 기회를 보아 자녀에게 대물림하는 쿠션 세습 형태를 말한다.
10. 3대 세습	할아버지, 아버지, 손자 3대가 이어서 담임목사직 혹은 교회를 대물림하는 방식을 취하여 대대로 세습하는 형태를 말한다.
11. 족벌주의 (Nepotism)	아들과 딸, 그리고 사위, 가족과 친척 등이 단체적으로 가족 안에서 세습하는 형태를 말한다.

---

10) 교회세습반대운동연대, 〈교회 세습을 반대하는 그리스도인을 위한 안내서〉, 6-7; 김영한, "세습 문제와 건강한 목회직 승계 리더십", 19-20. 1-10번 종류는 교회세습반대운동연대의 안내서를 종합한 것이고, 11번은 김영한의 주장을 정리한 것이다.

그동안 한국교회 세습 승계에 대한 통계 자료는 각주의 정보를 참조하면 좋겠다.[11] 조사 자료를 보면 쉽게 알 수 있듯이 교회 세습 승계는 대부분 아들 또는 사위로 이루어지고 있다. 이 과정에서 의견이 일치되지 않아 교회 내 갈등으로 심화되어 교회가 분립되기도 한다.

특히 그 자녀 후임자가 자질과 역량에서 문제가 있을 경우에는 더욱 심각해진다. 심지어 은퇴하면서 자녀의 장래 길을 열어 주는 모양새를 갖추는 경우도 생겨 교회 내 혼란이 극심하기도 한다. 이러한 경우 전임 아버지 목회자가 쌓아 온 모든 것이 무너질 수도 있다.

한국교회의 세습 문제는 한국사회의 문제로까지 대두되고 있다. 예수님께서는 혈연을 넘고 지연과 학연을 넘어서 그리스도 안에서 모두가 하나님의 자녀임을 말씀하고 있다.

"이는 혈통으로나 육정으로나 사람의 뜻으로 나지 아니하고 오직

---

11) 배덕만, "교회 세습에 대한 역사신학적 고찰-한국교회의 세습: 그 뒤틀린 역사", 〈학술 심포지엄, 교회 세습, 신학으로 조명하다 III〉(2013), 27-34; 교회 세습반대운동연대/ 감리회 세습반대운동연대/뉴스앤조이 독자 제보 http://bit.ly/2S2LxFH, 문의 및 수정: newsnjoy@newsnjoy.or.kr; 세습지도-http://bit.ly/세습지도

하나님께로부터 난 자들이니라"(요 1:13).

하나님의 자녀로의 부르심, 더 나아가 목회자로의 부르심은 전적으로 하나님의 영으로 이루어지는 것이다. 그러므로 주님의 몸인 교회의 담임목사 청빙은 전적으로 하나님의 영이신 성령의 역사와 능력으로 이루어져야지, 인간적인 방법으로 오해의 소지가 깊은 혈연으로만 이루어져서는 안 된다.

거룩한 담임목사 직분이 공정하게 승계되어야 한다는 요청은 교회 안에서나 교회 밖에서나 간절하게 요청되고 있다. 거룩한 하나님의 교회는 공의가 강같이 흘러야 한다.

"오직 정의를 물같이, 공의를 마르지 않는 강같이 흐르게 할지어다"(암 5:24).

(2) 승진 승계 유형

이 유형은 중·대형 교회를 훌륭하게 이끈 전임 목사가 그 교회의 후임자로 부목사 중 한 명을 뽑아 청빙하는 경우이다. 이러할 때, 교회는 일찍부터 그 후임을 물색하고 육성하여 때가 되었을 때 청빙을 진행하곤 한다. 후계자 유형이라 부를 수도 있는 승진 승계 유형은 서로 간의 기대치, 즉 전임자와 후임자 또는 교회와 목사 간의 기대치가 너무 높아 상호의존성이 증폭되기도 하기에 교회 내에서 적극적인 리더십 발휘가 어려운 점이 있다.

교회에서 승진 승계 유형을 고려하게 되는 성경적 근거로 모세와 여호수아의 지도력 승계를 들고 있다.

모세는 여호수아를 지도자로 훈련하였다. 에브라임 지파 사람 여호수아와 유다 지파 사람 갈렙은 출애굽 후 가데스바네아에 이르러 열두 정탐꾼을 보낼 때 그 일원으로 40일 동안 가나안 땅을 정탐하였다. 그리고 정탐 후 돌아와 보고회를 가졌을 때 하나님의 약속을 믿고 그 땅에 대한 긍정적인 보고를 한다. 두 사람으로 시작된 보고 후 갈렙은 한동안 등장하지 않고 여호수아만 그 이름이 등장하며, 아말렉과의 전쟁 시 모세는 중보기도를 하였고 여호수아는 백성들을 이끌고 아말렉과 싸워 승리를 쟁취하였다.

"모세가 여호수아에게 이르되 우리를 위하여 사람들을 택하여 나가서 아말렉과 싸우라…"(출 17:9), 그리고 "여호수아가 칼날로 아말렉과 그 백성을 쳐서 무찌르니라"(출 17:13)라고 기록하고 있다. 이처럼 모세는 여호수아를 훈련했다.

또한 모세가 시내 산에 오를 때 그는 여호수아만 데리고 올라갔다.

"모세가 그의 부하 여호수아와 함께 일어나 모세가 하나님의 산으로 올라가며"(출 24:13).

이러한 성경적 사실들을 통해 모세는 여호수아를 가까이 두고 그를 성장시킨 것을 알 수 있다. 그 후 모세는 자신의 사명과 책임을 완수한 후 여호수아에게 안수함으로 자신의 뒤를 잇는 후임자로 세웠다.

"모세가 눈의 아들 여호수아에게 안수하였으므로 그에게 지혜의 영이 충만하니 이스라엘 자손이 여호와께서 모세에게 명령하신 대로 여호수아의 말을 순종하였더라"(신 34:9).

이로써 모세를 이어 후임자로 여호수아가 세워지게 된다.

그러나 이 유형을 청빙 제도에 도입할 때, 경쟁의 기회 균등이 배제되고 손쉬운 방식으로 추천을 받는다는 점에서 문제가 될 수 있다. 자녀에게 승계하는 절차보다는 객관적이고 다소 공정성이 있다고 할 수 있지만, 중·대형 교회 부목사 자리에 대한 경쟁이 과열되고, 담임목사에게 좋은 평가와 평판을 받기 위해 지나친 신경을 써야 하는 점을 간과할 수 없다.

(3) 공개 공모 유형

공모 유형은 어떤 특정인을 지명하지 않고 자격 조건에 해당되는 모든 사람들에게 기회를 부여하며, 교회가 추진하는 청빙 과정 중 절차 공정성에 있어 가장 투명성이 보장된, 모두가 공감할 수 있는 유형이다. 공모 유형의 일반적인 절차는 교회가 소속된 해당 교단에서 발행하는 신문이나 교단 홈페이지를 통해 공모 광고를 게재하는 것으로부터 진행된다.

교회개혁실천연대 목회자청빙연구위원회는 다음과 같이 주장하였다. "공모 유형은 청빙 유형 중 민주적인 방법이다. 따라서 자격 조건을 갖춘 후보자들에게 공개적으로 열려 있기 때문에 다양한 후보자들이 지원 가능하다는 장점이 있다."

그러나 공모 유형의 치명적인 단점은, 다양한 후보자들이 제출하는 정보의 신뢰성 문제와 더불어 수집된 정보들을 판단하고 분석할 수 있는 기준이 마련되어 있지 않다는 것이다. 그러므로 청빙 후보에 대한 객관적이고 전문적인 선별이 난해하다는 문제점을 가지고 있다. 더욱이 후임 목회자의 선별에 있어서 심의 과정 중 각 교회 청빙위원들의 비전문성을 어떻게 해결할 것인가 하는 맹점(盲點)을 갖게 된다.

공모 유형 방식은, 청빙 공고를 보고 제출된 수많은 자료를 토대로 학력과 목회 경력 등의 표면적 이력을 기준으로 심사한다. 따라서 최종 적임자를 선정하는 단계에 이르도록, 그 교회의 방향성과 그 교회가 요구하는 또는 그 교회에 적합한 리더십의 역량을 소유한 후보자가 누구인지 가늠할 구체적인 평가 결과와 잣대가 모호하여, 교회에 가장 적합한 후임자가 배제될 가능성이 상당히 높다.

특히 위에 열거한 청빙 공고 제출서류 중 일부는 일반기업이나 기관 등에서 채용 공고 시 요구하는 서류와 흡사하다. 그리고 일부 전문성이 요구되는 설교, 동영상(설교) 자료, 목회 계획서 등에 대한 평가와 분별은 목회 전문가의 진단과 분석으로 신뢰도와 객관화를 가져야 함에도 불구하고 실상은 교인의 대표로 구성된 청빙위원회에서 판단하기에, 이에 대한 의문점은 여전히 남아 있을 수밖에 없다.

더욱 조심스러운 문제점 중의 하나는, 공개 공모 형식을 통해 후임자를 찾지만 실상 청빙 광고는 형식적인 행위이며 이미 후임 목회자를 내정해 놓은 사례들이 많다는 것이다.

성경은 일반적으로 개인을 임명하여 그 지위와 함께 역할을 수행하게 하는 것으로 나타난다. 즉 자신이 준비되었다고 하나님께 어떤 자리를 요청하는 것이 아니라, 하나님의 절대적인 주권 가운데 목자를 부르시는 것이다. 그러므로 엄격히 표현하자면 공개적인 공모 유형은 성경적 청빙의 절차라 할 수 없으며, 이는 청빙 지원자 스스로가 어떤 교회의 담임목사 자격이 된다고 말할 수 없다는 것과 같다.

따라서 공모 유형이 가장 투명성이 보장되었다 하더라도 이 유형이 가장 성경적이라 하기 어려우며, 그러므로 이를 통해 가장 합리적이고 효과적인 세대 교체를 이루기란 어려운 일이 아닐 수 없다.

(4) 추천 유형

한국교회에서는 선임사에 대한 신뢰가 클 때, 전임자가 후임자를 천거하는 형태인 이 방식을 선택하고 있다. 또한 교단이나 교계의 원로목회자 또는 신망 있는 인물들로부터 담임목사 후보를 추천받는 경우도 이에 속한다.

해당 교회를 잘 이해하는 인물로부터의 천거는 가장 바람직하고 권위 있는 청빙의 형식일 것이다. 그러나 추천된 후임자가 교회의 바람과 일치하지 않을 때 빚어지는 갈등과 전임자가 알고 있는 지엽적인 부분으로 후임자로 청빙된 후 예상치 못한 어려움이 발생하면 전임자에 대한 신뢰 손상뿐 아니라 교회 내에 많은 상처로 남게 되며, 이미 청빙된 목회자와 교회 사이에 첨예한 갈등이 종종 발생한다.

그러기에 염려되는 것은, 추천인이 추천 대상자에 대하여 정확하고 선명하게 그리고 객관적으로 알고 있다고 볼 수 없다는 것이다.

물론 성경에서도 추천의 사례를 볼 수 있다. 바울은 겐그레아 교회의 자매 뵈뵈를 로마 교회에 추천하였다. 물론 로마 교회의 담임 교역자는 아니었지만, 바울이라는 권위 있는 사도의 추천은 상당한 효과가 있었을 것이다. 또한 고린도 교회는 당대의 가장 지적인 목회자로 바나바를 고린도 교회에 청빙하려고 바울에게 의뢰한 흔적이 나타난다.

이 유형은, 추천자에 대한 전적인 신뢰를 전제로 하기 때문에 후보자의 인격, 영성, 삶에 대해서는 검증과 확인이 어렵거나 소홀하게 된다. 교회 구성원 전체의 의사와 관계없이, 객관적 선별은 결여되고 추천자의 주관적 판단으로 진행되기 때문에 여러 가지 우려되는 문제를 예측할 수 있다. 그리고 추천하는 과정에서 이권이 개입될 가능성도 내포되어 있기에, 그럴 경우 추천자에 의해 교회가 분열되는 경우도 있다.

이와 같은 이유로 최근에는 추천과 공모의 혼합 유형도 나타나고 있다. 혼합 유형의 도래는 공모와 추천 방식의 단점을 보완하고 장점을 살려 최대한 모든 청빙 절차를 공정하게 하고자 하는 의도일 것이다.

(5) 공모 추천 복합형

공모를 통해서도 후임 후보자를 모집하고, 동시에 지인의 추천을 통하기도 하는 복합적인 유형이다. 공모에 응하지 않는 목회자를 신뢰할 만한 분들의 추천을 받아 후보자로 선별할 수 있으므로 보다 효과적이고 효율적인 방안이 되기 때문에 복합형을 선호하는 경향이 있다.

공모와 추천 유형의 장·단점을 보완하며 진행할 수 있는 이 청빙 유형은, 사실 다양한 채널을 통해 가능한 한 많은 후보자를 확보하기 위해서 진행되는 경우가 대부분이다. 또는 추천으로만 할 경우 생길 수 있는 공정성의 시비를 피하기 위해 부득불 청빙 공모를 하고 있기도 하다. 이러한 경우는 진정으로 금해야 하는 속임수이며, 너무도 인간적인 방법이므로 피해야 할 것이다.

> "오직 오늘이라 일컫는 동안에 서로 날마다 권면하여 너희 중에 하나라도 죄의 속임수를 통하여 완악하게(죄의 유혹으로 완고하게) 되지 않도록 하라"(히 3:13, 현대어성경).

하나님의 사람으로 성경의 권위에 따라 청빙을 위임 받은 위원들은 좌로나 우로나 치우치지 않고, 하나님의 뜻에 따라 성경에서 말씀하는 목회자 중 우리 교회에 가장 적합하게 준비된 목회자를 모시도록 모든 절차에 진실함과 거룩함과 공정성을 드러내어야 한다. "하나님을 따라 의와 진리의 거룩함으로"(엡 4:24) 하여야 한다.

(6) 트레이드(Trade) 유형

교회에 문제가 발생하여 담임목사가 해임되거나 교회를 떠나야 하는 상황이 될 때가 있다. 이러할 때, 각 교회는 담임목사의 교환 청빙으로 문제를 해결할 수 있다.

그러나 어떤 필요로 교회를 교환하여 목회를 해야 하는지 깊이 자문해야 한다. 담임목사의 해임을 고려하고 있는 중직자들이 수소문하여 후임자를 찾거나, 해임 직전의 문제에 직면하고 있는 목회자들끼리 교환 목회를 이루어가는 조건부 청빙 문화는 반드시 지양되어야 한다. 교회는 하나님의 소유이다.

> "고린도에 있는 하나님의 교회 곧 그리스도 예수 안에서 거룩하여지고 성도라 부르심을 받은 자들과 또 각처에서 우리의 주 곧 그들과 우리의 주 되신 예수 그리스도의 이름을 부르는 모든 자들에게"(고전 1:2).

교회는 하나님의 소유이다. 하나님의 종인 목회자를 청빙하여 목회를 하던 중 어떤 원인으로 해임하고 경질하는 사례는 교회의 주체가 특정 조직의 구성원들이라고 설명할 수밖에 없다.

아울러 목회자들끼리 상호 협의하여 교환하는 방식 역시 교회의 머리 되신 예수님의 방식이 아닌, 금전이 오가지 않는 '거래'인 것이다. 교회는 이제 쉽게 빠질 수 있는 이러한 오류로부터 새로워져야 한다.

> "이는 우리가 이제부터 어린아이가 되지 아니하여 사람의 속임수와 간사한 유혹에 빠져 온갖 교훈의 풍조에 밀려 요동하지 않게 하려 함이라"(엡 4:14).

이제 교회도 청빙 문화의 성숙이 요청되는 시대가 되었다.

4.
청빙 과정의 문제점

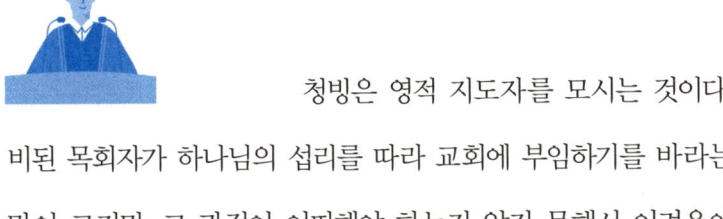

청빙은 영적 지도자를 모시는 것이다. 준비된 목회자가 하나님의 섭리를 따라 교회에 부임하기를 바라는 소망이 크지만, 그 과정이 어떠해야 하는지 알지 못해서 어려움이 여실히 드러나고 있는 실정이다.

어떤 유형의 청빙이든지 사람의 인간적인 영향력이 배제된다면, 이렇듯 교회 청빙 절차에 문제가 크게 불거져 한국교회의 문제로까지 부각되지 않을 것이다. 무조건 '우리는 공정하다'고 주장할 사항도 아니요, '우리 교회의 방식이니 외부 기관이나 제3자는 가타부타 논하지 말라'고 할 수 있는 것도 아니다. 교회는 주님의 몸이며, 세상에 빛을 비추는 하나님이 거하실 처소이기 때문이다.

바람직한 청빙 문화를 위해서는, 청빙을 시도했던 교회마다 고민하고 아파했던 갈등의 요소와 그 원인이 무엇인지 명확히 아는 것이 가장 먼저이며, 그것이 첫 단계이다. 좀 더 정확히 말한다면, 지금까지 한국교회에서 불거진 '담임목사 청빙에 대한 문제'는 바로 '청빙 과정의 문제'라고 해도 맞을 것이다.

일단, 담임목사 청빙 과정에서 문제들이 나타날 수 있는데 그 문제점은 다음과 같다.

1) 채용으로 비추어지는 문제

채용이란 '사람을 뽑아서 쓰는 것', '채택하여 쓰는 것'을 말한다. 일반적으로 임원들을 뽑는 행위를 말하는데, 주로 공개적인 방법으로 채용하는 공개 채용과 특정한 개인을 대상으로 일정한 직위에 대한 적격성을 판단함으로 검증하기 위한 특별 채용으로 나뉜다. 어떤 경우이든지 채용은 그 직위에 합당한 사람을 뽑는 행위이다.

이러한 논리를 근거로 담임목사를 공개적으로 혹은 특별한 방식으로 채용하는 사례가 빈번하게 이루어지고 있다. 심사위원은 교회의 청빙위원들이다. 그 청빙위원들의 직분은 대부분 장로들이고 안수집사, 권사, 집사로 구성되어 자신의 교회 담임목사(회사에서 면접을 담당하는 임원 같은 느낌이다)를 채용한다. 교회는 하나님께서 역사하시며 일하신다. 그렇다면 공채 혹은 특채로 채용하는 방식은 옳은 것일까?

담임목사 청빙은 채용이 아니다. 그럼에도 담임목사를 고용하는 느낌이 팽배해지고 있는 것이 사실이며, 그 이유는 소속 교단의 신문 광고 중 '담임목사 청빙 공고'에서 쉽게 알 수 있다. 청빙 공고 그 자체가 이미 문제를 내포하고 있다. 공고는 모집을 한다는 것이다. 일반 기업들에서 행하는 회사 임원 모집 공고와 어떤 차이가 있는가! 청빙 공고를 보면 '1차 서류심사', '2차 면접 및 설교 동영상 심사', 그리고 '3차 심층면접 및 초청 설교'로 되어 있다. 다음은 어느 교회의 청빙 공고 내용이다.

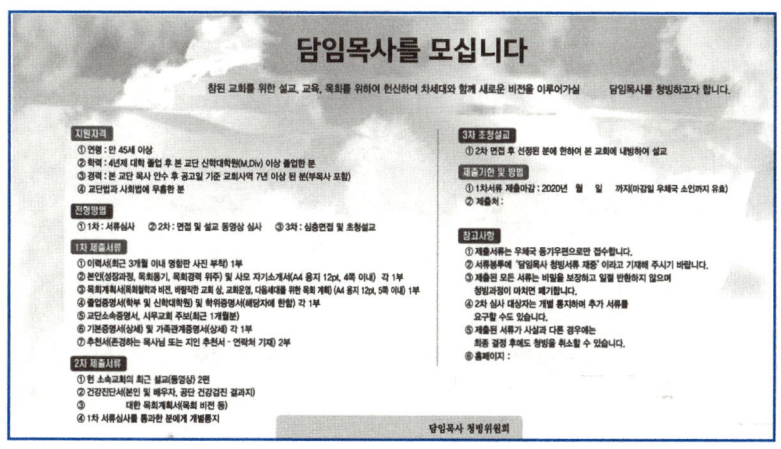

일반 기업체의 임원 모집 공고는 다음과 같다.

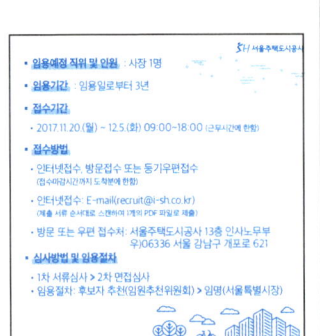

위의 두 모집 공고에서 다른 점은 무엇일까? 일반 기업에서 공고하는 임원 또는 최고경영자 초빙 절차와 담임목회자 청빙 공고를 비교해서 무엇이 문제인지 보자. 담임목사는 기간제 임원을 선임하는 차원이 아니다. 교회를 인도할 목자를 선임하는 데 있어 영적 지도자를 '채용'한다는 것에는 분명 문제가 있다.

청빙과 채용은 전혀 다르다. 청빙 공고에 오류가 보이는가? 청빙이란 공개 모집이 아니다. 청빙이란, 목회자를 찾아가 청하여 모시고 오는 것이지 공개 채용이 아니다. 교회 중직자와 당회원이 고용주가 되고 후임 목회 후보자들은 고용자가 될 수는 없다. 청빙위원회가 담임목사를 면접하고 선별하는 것이 과연 옳은 것일까? 그것도 한 번의 면접으로 당락이 결정되는 고용의 현실이 교회에서 재현되는 것은 안타까운 현실이다.

담임목사 후보자들을 면담하고 질의하는 청빙위원들은 목회자의 서류를 심사하고 면접으로 판단할 어떤 역량이 구축되어 있는지 그 기준이 공시되어 있지 않다. 이에 대한 의문을 제기하지 않을 수 없다. 여기에서 몇 가지만 기록하면 다음과 같다.

담임목사 영성의 요건은 무엇이어야 하는가?

담임목사 인격 수준의 변별력은 무엇인가?

설교의 유형과 설교 준비 과정, 그리고 설교 피드백과 설교 분석력은 어떤 기준에 의해서인가?

담임목사의 서류 중 검토할 영역들, 예를 들어 대부분 교회에서 요청하고 있는 목회 계획서는 어떤 기준으로 그 계획서를 판단하는가? 그리고 계획서를 작성하기 위해서 모든 후보자들에게 기초자료를 제공하는가? 교회의 기본적인 데이터를 제공하여야 그 근거로 계획을 할 수 있다는 것은 알고 있는가?

이것이 아니라고 해도, 우리 교회를 영적으로 이끌어 갈, 하나님이 계획하신 담임목사를 모시는 중차대한 이 역사적인 일을, 단 한 번의 면접으로 당락(?)을 결정하는 고용(채용)의 현실이 교회에서 재현되고 있음은 문제가 아닐 수 없다.

2) 경쟁심을 유발하는 문제

청빙 공고가 나면 한 교회에 제출되는 이력서가 평균 60~70통 정도 된다고 한다. 그리고 추천 유형의 청빙을 진행하는 교회도 역시 추천받는 사람들의 수만큼 많아지게 된다. 공모 유형과 추천 유형은 어떤 목회자들이 후보군에 들어왔는지 어떤 형태를 띠어도 알 수 있어, 상대방에 대한 비방과 유언비어들이 난무하게 되고 상호대결을 부추기기도 한다.

경쟁은 필요하다. 그러나 목회자 청빙이라는 하나님의 역사에 상호 경쟁을 유발하는 것은 바람직하지 않다. 공모 형태에서 제시하는 평균 목회자 연령이 만 45세 이상으로 명시되어 있기에, 특히 같은 교단 내에서 청빙 이력을 내는 후보자가 대략 누구인지를 쉽게 가늠할 수 있음도 위험요소가 된다.

교회의 수보다는 목회자의 수가 점점 많아지고 있는 현실에서 경쟁은 불가피할 수 있다. 그러나 이런 경쟁 대열에 관심 두지 않고 드러나지 않는 곳에서 하나님의 교회와 하나님의 사람들을 세우고 지역의 복음화를 위해 고군분투하는 목회자들이 정말 많다. 그런 목회자를 발굴하고 검증하여 모셔 와야 하지 않을까.

담임목사 청빙 광고 후 얼마나 많은 목회자들이 우리 교회에 지원서를 냈다고 자랑스러워할 것이 아니라, 그러한 사태에 직면하게 된 정황을 개탄하여야 하지 않을까 생각한다. 담임목사는 청빙되어야 한다. 경쟁심리가 악용되는 상은 절대 되어서는 안 된다.

3) 비전문성의 문제

공모 유형으로 담임목사를 청빙하는 교회들의 청빙 광고 실제 예를 살펴보자.

담임목사 청빙

성도를 사랑으로 목양하며 비전을 함께 하실 담임목사님을 아래와 같이 청빙합니다.

1. 지원자격: 가. 연령 / 만 45세 이상 만 55세 이하 기혼자
   나. 학력 / 4년제 정규대학 졸업 후 본 교단 신학대학원 졸업자
   다. 본 교단 목사 안수 후 7년 이상 목회(부목사 포함) 경력자
   라. 대한민국 국적자로서 사회법에 무흠한 자
2. 1차 제출서류(제출 양식은 교회 홈페이지 참조)
   가. 지원서 ·· 1부
   나. 자기소개서 및 가족소개서(가족신앙력, 성장과정, 사회경력, 신앙간증 포함) ······ 1부
   다. 목회계획서(목회동기, 목회철학 및 비전, 교회운영 계획 포함) ···················· 1부
   라. 가족관계증명서 및 주민등록등본 ······································· 각 1부
   마. 본 교단 목사 추천서 ·· 1부
   바. 본 교단 연금 계속 납입증명서(가입자에 한해서 제출) ·············
   사. 대학, 대학원 이상 학위증명서, 교단소속증명서, 신원증명서 ········· 각 1부
   아. 소속 교회요람 및 최근 주보 4주분 ···································· 각 1부
3. 2차 면접대상자 제출서류
   가. 고등학교 생활기록부 ·· 1부
   나. 사모이력서(교회 홈페이지 참조)
   다. 건강진단서(사모 포함, 종합 병원에서 최근 3개월 이내 검진)
   라. 2018~2019년도 설교 동영상 CD 또는 USB 2편(설교 당시 주보)
   마. 최근 3년간 목회 활동 내역서
4. 1차서류 제출 기간: 2019년 7월 19일(금)~31일(수)까지(마감일 소인 유효)
5. 제출방법
6. 제 출 처
7. 기 타: 가. 교회 홈페이지 정관 제29조를 참고 바람
   나. 봉투 겉면에 "담임목사 청빙서류 재중"이라고 기재하고 제출된 서류는 반환하지 않음
   다. 심사는 1차 서류심사, 2차 면접 및 설교로 진행하며, 서류심사 합격하신 분에게만 개별 통지함
   라. 제출된 서류가 사실과 다른 경우 최종 청빙이 결정된 후에라도 당연 무효가 됨
   마. 청빙에 관련된 전화 및 문의는 일체 받지 않음
8. 참 고:

담임목사 청빙위원회

담임목사 청빙

담임목사님을 다음과 같이 청빙하고자 합니다.

1. 교회소개
   가. 교 회 명 :
   나. 교회주소 :
2. 청빙 교역자의 지위와 형태 : 담임목사
3. 지원자격
   가. 연령 : 만 45~55세
   나. 학력 : 본교단 신학대학원을 졸업하고 목사 안수를 받은 분
   다. 경력 : 목사 안수 후 목회 경력(부목사 포함) 7년 이상인 분
   라. 교단법과 사회법에 무흠한 분
4. 제출서류
   가. 이력서(본인 사진 첨부)
   나. 자기 및 가족 소개서 (본인과 사모의 성장과정 및 신앙 이력을 기술)
   다. 목회 계획서(목회 동기, 목회 철학과 비전, 교회 운영계획)
   라. 대학, 대학원 졸업증명서 및 학위증명서
   마. 목사 안수증명서 및 교단 소속증명서
   바. 주민등록등본 및 가족관계증명서 1부
   사. 목회자 추천서 1부
   아. 설교 동영상 파일(CD 또는 USB) 2회분
   자. 주보 (현 소속교회의 최근 4주분 주보)
   차. 건강진단서(본인 및 사모, 6개월 이내) 1부
   카. 한국 국적을 가진 자(해외거주자)
   타. 해외여행에 결격 사유가 없는 자
   파. 범죄 사실 증명원
5. 급여(사례비)의 원칙
   가. 사택 제공함.
   나. 기타 급여는 교회의 규정에 의함.
6. 제출기한 : 2018년 8월 10일(금)까지 (당일 소인 등기우편 유효함)
7. 제 출 처 :
8. 참고사항
   가. 모든 서류는 등기우편으로만 접수함
   나. 서류심사 후 면접 심사 해당자는 개별 통보함
   다. 제출된 서류는 일체 반환하지 않음
   라. 전화 문의는 일체 응하지 않음

담임목사 청빙위원회

2018년 7월~2019년 1년 6개월 동안 한 교단의 청빙 광고를 조사하여 제출서류를 분류한 결과는 다음과 같다.(2018년 7~12월 38건, 2019년 108건)

	제 출 서 류	2019	2018 7~12월
1	이력서	95	34
2	지원서	12	4
3	배우자 이력서(피아노 반주 여부)	12	19
4	본인 자기소개서 (사모, 자녀 신앙 이력, 가족사진, 성장 과정, 신앙관, 모교회 등)	102	36
5	사모 자기소개서	35	10

6	대학교·대학원 졸업증명서, 기타 학위 및 사본	88	27
7	노회 소속 증명서	68	24
8	목사 안수 증명서	59	22
9	추천서(담임목사, 존경하는 목사, 신학대학교 총장)	47	14
10	목회 계획서 (목회 비전, 목회 동기, 신앙관, 교회 운영 계획, 올바른 교회상)	85	32
11	가족관계증명서, 주민등록등본	91	28
12	건강 진단서(본인, 사모)	28	13
13	최근 설교 동영상(설교문)	79	21
14	주보(2주, 4주, 요람)	43	19
15	약정서(은퇴나 시무 사임 시에 사회 통념상 퇴직금 외에는 받지 않겠다는 내용, 약정서 작성 후 서명 날인)	1	
16	노회 경력 증명서	7	1
17	노회 재직 증명서	2	1
18	총회연금 가입 증명서	8	1
19	정보 이용 동의서(소정양식)	19	3
20	범죄 사실 증명서	2	2
21	1종 운전면허증 사본	1	
22	고등학교 생활기록부	3	4
23	주민등록초본(과거 주소지, 병역 사항)	3	2
24	신원 증명서	3	1
25	최근 3년간 목회 활동 내역서	1	
26	최근 5년 사역 내역서	1	
27	청빙 교회에 대한 견해	1	
28	자신의 은사 및 목회 지향	1	
29	자격증 & 저서	1	3
30	신앙고백서	1	
31	지원 동기서	1	
32	혼인 관계 증명서	1	4
33	사모 목회협력 계획서		1
34	2018년 현재 본인 사역 내용(구체적으로)		1
35	해외여행 결격 사유 없음		2
36	*담임자 추천 제도 (본인 지원 X, 추천만으로)	1	1

이렇게 제출된 서류는 누가 검토하며 누가 판단할 것인가? 목회계획서는 누가 확인하는가? 더욱 기막힌 것은, 청빙하는 교회에 대한 목회 계획서를 제출하라는 것이다. 이것은 도무지 납득이 되지 않는다. 그 교회에 대한 전반적인 내용을 다 알고 있어야만 목회 계획을 세울 수 있지 않은가. 과연 어떻게, 무엇을 가지고 계획을 세울 수 있단 말인가? 설령 목회 계획서를 작성했다고 해도 그것을 누가 검증하고 판단할 것인가? 더욱이 한 교회에 60~70명 이상의 목회자들이 제출하는 서류를 언제 누가 객관적이고 공정하게 그리고 정확하게 판단할 것인가?

이러한 문제는 한국교회 청빙 시스템에서 어렵지 않게 볼 수 있는 해프닝이다. 정확하게 말하면 담임목사 채용이다. 그렇다면 채용이 아닌 청빙 공고는 어떠해야 하는가? 공모를 통한 청빙이 되기 위해서는 다음과 같은 내용이 반드시 있어야 한다.

첫째, 온전한 공모가 되기 위해서는 '서류 심사의 과정과 절차를 모두 공개'하고 '심사위원을 공개'해야 한다.

둘째, 신문 광고는 지면의 제한이 있어 간략한 광고밖에 할 수 없으니, 모든 양식과 규정은 교회 홈페이지에 있음을 알려야 하고, 공통된 양식으로 '양식의 일관성'을 갖추어야 한다.

셋째, 설교 동영상을 제출하는 항목이 있는데, 설교란 설교자(해당 설교 시의 영적인 삶의 상태), 그 교회의 구성원(목양적 석의), 설교 기간 때의 사회적 배경(시대적 석의), 그 설교의 필요성 인식 등의 총합으로 이루어지는 영적 선포인 것이다. 시대가 다르고, 교인 구성원이 다르고, 시간대가 다른 상황에서의 설교가 어떤 의미가 있으며, 그것을 누가 분석하며, 어떤 과정을 통해 설교 평가를 하는지 밝혀야 한다. 다음을 참고했으면 한다.

① 설교 유형: 강해 설교, 이야기 설교, 주제 설교, 시리즈 설교, 연역적 설교, 귀납적 설교, 체득화된 설교, 예화 설교, 3대지 설교, 1인칭 내러티브 설교, 교육 설교 등
② 성경 석의: 석의학, 석의방법론, 원어 강론, 시대적 석의, 목양적 석의, 성경 배경사
③ 설교 분석 방법론
④ 설교 컨설팅 방법론
⑤ 설교 전달의 기술(스피치 능력 평가)

넷째, 모시고 오려는 교회의 목회 계획, 목회 비전, 다음 세대 계획 등 목회 관련 기획서를 제출하는 항목이 온전한 요구가 되기 위해서는 현 교회 상황을 전부 공개해야만 한다. 그래서 그것을 근거로 계획된 교회 비전이어야 한다. 논리적으로 정리된 목회 계획이나 비전 소개서가 아닌, 그 교회에 대한 사실 정보를 토대로 분석하고 대안을 갖고 작성된 것이어야 한다. 교회 홈페이지에 교회 현황 분석 데이터를 제공해야 한다. 예를 들면, 아래와 같은 데이터들이다.

① 교회의 비전과 방향성
② 교회의 현황: 인원/예산/부채 현황/문제점/연령 분포도/다음 세대 상황
③ 교회의 중점 사역들
④ 교회의 SWOT 분석표
⑤ 교회의 영적 상황과 교회문화
⑥ 교회 사무 총회록 3년치

다섯째, 공모를 통해 절차가 진행될 때는 접수 후의 일정도 공개해야 한다. 모든 후보자들은 동일하게 추후 일정에 대해 궁금해한다. 더욱이 후보자들은 사역을 중지하고 공모에 응한 것이 아니기

에, 일단 청빙 서류를 제출한 순간부터 현재 섬기는 교회의 사역에 집중하기가 그리 쉽지 않다. 그러므로 후보사들에 서류 심사의 마감일, 2차 통보일, 최종 면접일, 최종 설교 초청 기간 등을 고지해야 한다. 대부분 공고에는 제출 기한만 공고한다. 다음과 같은 일정이다. 지면이 부족하다면 교회 홈페이지를 통해서라도 공지해야 한다.

① 서류 심사 완료일: 20년 ○○월 ○○일 ○○시 개별 통보
  서류 심사 결과 중 탈락자도 개별 통보한다.
② 1차 심사 마감일
③ 최종 후보 결정일
④ 설교 예정 기간

여섯째, 청빙위원회 외 전문가로 구성된 자문위원이 구성되어야 한다. 신학의 배경이 없고 목회 경험이 없고 설교를 하지 않는 위원들로만 구성되어 서류 심사를 하거나 설교 평가를 해서는 절대 안 된다. 그러므로 각각 요구한 서류를 심의할 전문가 그룹을 구성하여 공정성과 객관성을 담보해야 한다.

4) 교회 권위주의의 문제

교회의 본질은, 주님이 머리 되시고 우리는 지체가 됨이다. 교회의 주인은 하나님이시며, 주님이 중심이시다. 교회에는 여러 모양의 권위가 자리하고 있다. 개척한 교회는 담임목사의 권위가 매우 높고, 장로교를 포함하여 당회가 구성된 교회들은 당회의 권위가 매우 높다. 청빙위원회의 권위는 또 다른 의미로 위임된 권위이지만 담임목사를 뽑는다는 권위의식이 우리 한국교회 내에 자리하고 있다.

헤드헌팅을 하는 서치펌이나 헤드헌트 기관에 의뢰하는 것에 대한 반감은, 우리 교회의 담임목사는 우리가 뽑아야 한다는 권위의식이 자리해 있기 때문이다. 권위의식이 너무 큰 나머지 자식에게 세습을 하게 되기도 하고, 교회에 대한 공헌도가 높은 전임 목회자 본인이 추천하여 후임을 결정하고 은퇴를 하는 사례도 빈번하게 일어나고 있다. 또한 공모를 통해 청빙(채용)하는 경우에도 청빙위원회가 타 기업의 인사위원회를 방불케 하는 권위를 가지고 청빙 과정을 주도하기도 한다.

담임목사로 청빙이 되고 안 되고는 전적으로 하나님의 뜻과 인도하심으로 비롯되어야 함에도 불구하고, 인사권을 가진 위원들이나 전임 목사에게 권위가 부여되는 문제를 안고 있다. 성경에는 권위주의를 정당화할 수 있는 그 어떤 근거도 없다.

순적한 교회 리더십의 교체에 대한 마음은 은퇴를 하는 목사님을 포함해 교회 모두가 한결같을 것이다. 교회를 위한 헌신의 정도가 크다 해서 전임 목사님의 권위를 가지고 청빙 절차에 관여하고 절대 의견을 제시하는 것은 권위주의에서 비롯된 것이라고 볼 수 있다.

함께 기도하며 절차의 공정성을 유지하기 위한 객관적인 관심 및 협의, 그리고 어느 정도의 영역에서 동참은 분명 무리가 없을 것이다. 그러나 "목회를 나만큼 아는 사람이 우리 교회 안에 누가 있느냐?" 또는 "목회자는 목회자가 알지, 청빙위원들이 어찌 알 수 있느냐?"라는 발상은 권위주의의 일면이다.

교회의 청빙은 객관적이고 공정한 절차에 따라 논리와 순리로 보편타당하게 이루어져야 한다. 권위로 개입하기보다는 도리어 겸허한 마음과 기도하는 마음으로 지난 목회 사역을 돌아보고 다음 리더십을 위한 기도에 더 많은 시간을 들이는 것이 아름다울 것 같다.

5) 교회 갈등 문제

청빙은 교회의 중차대한 하나님의 사역이다. 한 분의 담임목사를 모시면 수십 년 그와 동역한다. 그러기에 더욱 청빙 과정이 경건해야 하고, 영적이어야 하며, 정직해야 한다. 하지만 안타깝게도 실상은 담임목사 청빙 과정에서 비롯되는 갈등 요소와 어려움이 이루 말할 수 없는 상황이다.

청빙위원들의 청빙에 대한 인식 부족이라는 문제에서부터 절차의 진행 과정뿐 아니라, 담임목사를 최종 결정한 다음에도 이미 내정된 후보자가 있었음을 알게 되어 또 다른 후보를 지지한 교인들과의 충돌이 일어나기도 한다. 서류 미비와 사전 모의를 통한 결정이었다는 점으로 불신의 분열도 일어난다. 청빙 완료 이후 목회자의 영적·인격적 삶의 문제가 발생해서 청빙 취소 상황까지 가기도 한다. 청빙 절차의 문제로 내분을 겪는 교회들을 우리는 쉽게 찾아볼 수 있다.

이제 담임목사 청빙 절차의 공정성을 심도 있게 고려해야 한다. 절차의 공정성, 즉 편향성이 배제되어 투명하고 객관적이며, 누구에게나 공정하게 적용되는 새로운 청빙 절차가 대두되어야 한다.

6) 절차 공정성의 문제

위에서 설명된 청빙 유형 대부분이 그 절차상 공정성에 의문이 제기되고 있다. 우선 세습 승계 유형은 애당초 절차상 공정성을 거론할 여지가 없다. 세습 승계 방식은 근본적으로 공정한 절차가 아니다.

교회는 담임목사 청빙에 대한 보편타당성이 보장된 공정한 절차상 요건을 교회 공동의회(사무총회 혹은 감리교단에서는 당회)를 통해 해당 청빙 요건을 명시하고 공유해야 한다. 그리고 청빙 과정의 투명성을 보장하기 위한 절차의 공유 역시 이루어져야 한다. 서류 심의와 면접(인터뷰 역시 전문가로 구성되어야 한다) 방식에 대하여도 객관적이며 공정하게 진행됨을 수시로 알려야 한다. 이러한 맥락에서도 세습 승계는 근원적으로 절차의 공정성이 배제되어 있는 것이다.

공모 유형 역시 앞에서 언급한 것처럼, 그 절차의 모호성과 비전문가로 구성된 심의위원회로는 절차의 모든 과정이 공정하다고 할 수 없다. 추천 유형은 이미 그 후보자의 범위가 제한되어, 즉 담임목사와 오랫동안 동역한 부목사 또는 목회자 중에서 청빙되기 때문에 공정성을 논할 수 없는 조건에서 출발한다.

지금은 초고속 정보 공유 시대이며 빅데이터(Big Data) 시대이다. 공고하지 않아도, 인근의 목회자가 아니어도, 음지에서, 작은 도시에서, 무명으로 드러내려 하지 않는 훌륭한 목회자들이 있다. 그들에게 하나님의 섭리가 맞닿도록 하는 청빙 절차는 궁극적으로 한국교회가 추구해야 할 바이다.

> "여호와께서 자기를 위하여 경건한 자를 택하신 줄 너희가 알지어다 내가 그를 부를 때에 여호와께서 들으시리로다"(시 4:3).
> "하나님이 그 미리 아신 자기 백성을 버리지 아니하셨나니 너희가 성경이 엘리야를 가리켜 말한 것을 알지 못하느냐 그가 이스라엘을 하나님께 고발하되 주여 그들이 주의 선지자들을 죽였으며 주의 제단들을 헐어 버렸고 나만 남았는데 내 목숨도 찾나이다 하니 그에게 하신 대답이 무엇이냐 내가 나를 위하여 바알에게 무릎을 꿇지 아니한 사람 칠천 명을 남겨 두었다 하셨으니 그런즉 이와 같이 지금도 은혜로 택하심을 따라 남은 자가 있느니라"(롬 11:2-5).

이제 한국교회의 담임목사 청빙은 남은 자를 찾는 역사를 기꺼이 감당해야 한다. 교회의 주인은 하나님이시다. 우리는 그 결정을 위임 받은 이들임을 잊지 않고 모든 절차 과정이 공의롭게 정의로워야 하고, 철저히 하나님의 뜻과 섭리 그리고 인도하심을 따라야 한다. 하나님이 원하시는 바로 그 목회자를 뽑는 것이 아니라 모실 수 있는 그날을 기대한다.

우리가 할 수 있는 것은 담임목사 청빙 과정의 공정함 추구이다. 공정성은 객관성을 내포하고 있으며, 공정성 안에는 보편타당성이 함의되어 있다. 무엇보다 하나님의 역사와 영적인 기준이 포함되어야 함은 두말할 나위가 없다.

절차의 공정성은 담임목사 청빙의 가장 중요한 변수이다. 이제 그 절차의 공정성이란 무엇이며, 공정한 절차를 통해 청빙되는 목회자를 통해 교회는 어떤 열매를 맺게 되는지 살펴보려고 한다.

5. 절차의 공정성

1) 공정성 이전에 반드시 배제되어야 하는 3가지 정신

(1) 가족주의

우리나라는 유독 가족주의가 강하다. 사회 변동 과정에서 가장 큰 영향을 받는 정신의 토대는 가족과 가족주의적 정신이다. 가족은 자신의 삶의 출발지이다. 이러한 가족주의는 한국사회 구성원들의 삶에서 여실히 드러나고 있는 문화적 가치 체계이기도 하다.

가족주의란, 사회의 기본단위를 가정으로 생각하고 집안에서의 인간관계 방식이 교회 안과 밖에서 사회 전반에 걸쳐 확대되는 조직 정신이라 말할 수 있다. 이러한 정신은 가족 체계에서 구축된 가치관이 모든 사회의 조직과 체계 속에 깔려 있는 것으로, 사회의 가치관과 가족 안에서의 가치관 혼돈으로 빚어지는, 경계가 허물어진 정신 체계이다. 이러한 정신이 매우 위험한 것은 가족 이기주의로 전락될 가능성이 많기 때문이다.

더 나아가 가족주의는 가부장적이며 권위주의적인 인간관계, 외부 집단에 대한 폐쇄성, 그리고 가족주의 가치관을 형성하는 데 동의하는 사람을 가족으로 여겨 하나의 집단으로 이해하게 되는 데 있다. 이러한 가족주의는 부정적인 특징들로 나타나서 사회적 성숙을 저해한다. 이기적인 자기중심주의, 배타적 집단주의, 혈연주의, 지연·학연의 연고주의를 낳는다.

교회 안에서 쉽게 볼 수 있는 끼리끼리 문화는 새로 유입되는 교인들에게 배타성으로 작용하고 있다. 유독 교회 안에 끼리끼리 문화가 자리하게 되는 이유도 교회라는 울타리 안에 형성되기 쉬운 가족주의의 영향이라 볼 수 있다.

교회 세습 역시 이기적인 가족주의의 부정적 요소가 교회로 들어온 경우로, 치명적인 오점을 남기게 되었다. 자기중심주의, 배타적 집단주의, 혈연주의 등으로부터 교회는 자유로워야 함에도, 사회적 구조 속에 팽배해진 가족주의의 사고, 그 가치 체계가 교회의 후임자 청빙이라는 중차대한 영역에까지 미치므로 문제가 되는 것이다.

(2) 사회자본

사회자본이란, 상호 인식과 상호 인정으로부터 제도화되어 장시간 지속된 관계망의 소유와 관련되어 현재까지 연결되고 있는 잠재적 자본을 말한다. 이는 오랜 시간 동안 맺어진 관계를 통해 공통된 속성과 소속감을 갖게 되고 상호 연결망이 구축되어 각 사람이 경제, 문화적, 제도적으로 하나 되어 있는 총량과 같은 정신이다.

이러한 사회자본이 긍정적으로 활용되면 사회 문제를 해결할 때 일체감을 갖게 되어 도움이 될 수 있지만, 부정적으로는 집단이기주의로 발전할 수 있기 때문에 교회에서는 이러한 정신의 집합체가 형성되어서는 안 된다. 그런데 간혹 교회 담임목사 청빙 진행 과정에서 이러한 사회자본 현상이 드러나서 급기야 교회 분열의 단초가 되기도 한다. 통합적이고 합리적이기보다는 이미 오랫동안 형성된 관계망이 우선이 되기 때문이다.

(3) 지배주의와 정당성

막스 베버는 그의 책 《경제와 사회》에서 지배의 속성을 3가지 유형으로 언급했다. 첫째는, 입법화된 법규 아래에서 명령을 내릴 권위를 가진 자들이 권리의 합법성이 부여되었다는 합리적인 인식으로 지배하려고 하는 '합리적 지배'이다. 둘째로, 오래전부터 이어져 내려온 권위를 행사하는 자들이 정당성에 대한 근거로 지배하려는 '전통적 지배'이다. 마지막 셋째는, 어떤 지도자 개인이 계시하거나 그가 제정한 규범에 의한 카리스마에 근거하여 지배하는 '카리스마 지배'가 그것이다.

막스 베버가 언급한 3가지 중 어떤 형태의 지배 속성도 교회 안에 있으면 안 되고, 그러한 지배 구조가 구성되어서도 안 된다. 교회는 하나님만이 지배하시며 통치하신다. 그의 나라(나라의 의미는 '지배하다', '통치하다'이다)이기 때문이다. 교회는 하나님의 방식과 그분의 지배만이 유일하게 적용되는 영적인 공동체이다. 청빙위원을 포함하여 당회와 교회 안의 그 어떤 기관들도 교회의 지배 권위를 가질 수 없는 것이다.

주님께서 그러하셨듯이 교회는 섬김으로 사역한다. 섬김의 리더십으로 교회를 섬기는 것이 목회이며 사역이다. 섬김의 나라와 지배

외에 그 어떤 지배 구조도 정당성을 지닐 수 없음을 알아야 한다. 세속화는 이러한 3가지 지배가 정당화로 변환할 때 빚어지는 아픔이다. 특히 한국사회에 파장을 일으킨 대형 교회 세습 승계는 그 교회의 카리스마 지배 구조에서 기인한다. 카리스마 지배 구조 속에서 청빙이 진행될 때 나타나는 승계 방식은 다음과 같은 특징이 있다.

① 이전 카리스마 지배 권위와 유사한 새로운 목회자를 다시 찾는다.
② 전적 계시의 방식으로 청빙하려고 한다.
③ 전임 목회자가 후임 목회자를 지명하고 추종자들이 그를 인정한다.
④ 카리스마 자격을 갖춘 행정결정권자가 지명하고 공동체가 인정하는 방식을 따른다.
⑤ 카리스마는 세습에 의해 전수되고 권위가 유지된다는 믿음에 근거한다.
⑥ 카리스마 지배 구조가 공동체의 안정성을 보장한다는 믿음에 근거한다.

한국교회의 세습 승계 방식을 택한 대형 교회들의 청빙 과정에서 그대로 나타난 내용들이다. 교회는 하나님의 소유된 주님의 몸이다. 카리스마는 오직 한 분 하나님에게 속한 권세이며 권위이다. 목회자와 모든 교인들은 하나님의 종이다. 단지 역할이 다른 종일 뿐이다.

2) 절차 공정성이란?

공정성 판단 모델(Justice Judgment Model)에 대해 절차 공정성 이론 분야에 지대한 공헌을 한 레벤달(Leventhal)은 절차 공정성 개념을 조직 상황과 같은 비법률적인 맥락으로 확장했고, 절차 측면에 있어 개인들에게 형평성의 정도를 판단하기 위해 필요한 기준을 제시했다.

그는 절차 공정성을 판단하기 위해서는 다양한 집단, 당사자의 이익, 의견을 반영하는 대표성(representativeness), 사람과 시간 측면에 걸쳐 언제나 동등한 절차를 적용하는 일관성(consistency), 의사 결정자의 개인적 이해관계로 인한 영향력을 제한하는 편견으로부터 자유로운 편향 배제(bias suppression), 최적의 정확한 정보를 바탕으로 의사 결정을 내리는 정확성(accuracy), 결함이 있고 부정확한 정보를 올바르게 수정할 수 있는 기회를 부여하는 수정 가능성(correctability), 그리고 규범이 되는 원칙과 도덕적 기준에 따라 의사 결정을 내리는 윤리성(ethicality)이 필요하다고 제안했다.

절차 공정성(procedural justice)은 일반적으로 의사 결정이 이루어지는 공식적 절차에 관한 개인의 공정성에 대한 지각이다. 즉 결과를 산출하는 데 사용된 방법 및 절차와 관련된 정당성이다(Folger & Cropanzano, 1998). 공정성으로 해석할 수 있다.

오늘날 한국교회에서 시행되는 청빙 절차의 오류를 벗어나 절차의 타당성과 공정성을 확보하는 것이 미래의 한국교회 성장에 중요한 요인이 될 것이다.

3) 조직 공정성의 구성 요소

절차의 공정성은 어떤 공동체든 그 조직의 공정성을 함의하는 데 매우 중요한 영역이다. 다시 말해, 공동체는 분배와 절차에 있어 공정해야 건강한 조직이 된다. 여기서 말하는 조직 공정성이 무엇인지 객관적으로 살펴보려 한다.

조직의 공정성이란, 조직 내에서 실시되고 있는 모든 제도 및 모든 의사 결정이 어느 정도까지 공정하게 실시되고 있는지에 대한 구성원들의 지각이다.

조직 공정성의 구성 요소는 크게 3가지로 분류될 수 있다. 첫째, **분배 공정성**(Distributive Justice: 보상의 적절성)으로 구성원들의 공헌도에 기반한 보상을 하는 형평과 구성원들에게 대략적으로 동일한 보상을 제공하는 평등, 그리고 개인들의 요구 및 필요에 기반한 혜택을 제공하는 욕구들로 구성되어 있다. 분배 공정성이 가진 설명의 한계를 극복하고자 절차 공정성이 제시되었다.

둘째, **상호작용 공정성**(Interactional Justice: 권위자로부터의 공정성)으로 구성원들을 대할 때 존경심과 존엄성을 지니고 대하는 공정성과 관련 정보를 구성원들과 공유하는 정보 공정성으로 구성되어 있다.

셋째, **절차 공정성**(Procedural Justice: 할당 과정의 적절성)으로 모든 구성원들이 동일한 처우를 받게 하는 일관성과 어떤 집단이나 개인도 차별이나 부당한 처우를 받지 않게 하는 편향 배제, 정확한 정보에 기반을 두어서 의사 결정을 내리게 하는 욕구, 이해 당사자가 의사 결정과 중재 과정에 참여하는 형평, 오류 사항을 수정할 수 있는 절차 및 시스템의 구비를 갖는 객관성, 윤리적 기준을 위반하지 않는 형평성 등의 요소로 구성되고 있다.

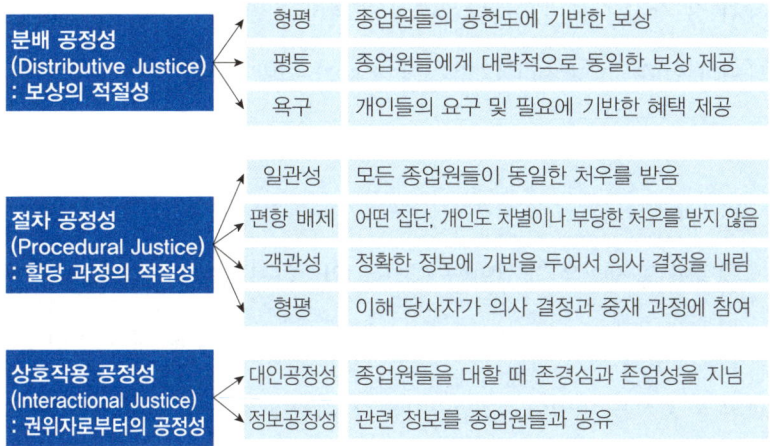

위 그림은 조직 공정성의 구성요소이다.[12]

무엇보다 교회의 담임목사를 청빙하는 과정에서 절차상 공정성은 목사 청빙과 관련하여 가장 중요한 요소가 될 것이다. 더욱이 청빙하는 주체는 개체 교회이며, 교회가 교단과 노회에 소속되어 있지만 청빙 심사는 대부분 개체 교회가 주관하고 있다. 그러나 청빙의 대상자가 목사이기 때문에 교회와 교인들이 청빙 대상자에 대한 구체적인 정보를 확인할 수 없을 뿐 아니라 정보의 정확도와 신뢰도를 확인할 수도 없다. 이 과정에서 서로가 이해할 수 있는 수단은 문서

---

12) 홍선임, "조직 공정성 척도 개념과 요인 구조의 탐색 및 타당화" (박사학위 논문, 고려대학교, 2018), 17에서 재인용.

상의 몇 가지 자료와 설교, 그리고 목회자의 활동이 담긴 기사에 국한되어 있다. 그 과정에서 수집된 정보가 일방석으로 제공되거나 왜곡될 수 있다는 공정성의 문제가 발생하게 된다.

청빙의 공정성은 경쟁의 공정성을 의미하지 않는다. 경쟁의 공정함을 강조하는 것은 취약한 상황에 있는 후보자들에 대한 청빙 기회의 불공정을 의미할 수도 있지만, 사회와 교회가 요구하는 정의는 경쟁을 기본으로 하는 것이 아니다. 오히려 사회적 정의가 요구하는 것은 경쟁의 기회가 아니라 절차의 공정성에 있다.

교회 안팎으로 한국교회가 직면하여 도전받고 있는 문제는, 많은 후보자들에게 있어서 기회의 균등함이 아니라 청빙의 진행 절차에 대한 공정성 논란이다. 이처럼 공정한 청빙 절차를 위하여 담임목사 임기제를 도입함과 동시에 원로목사 제도를 폐지하는 것, 모든 교회 재정 관리의 투명성을 확보하게 하고, 교단과 노회에서 담임목사에 대한 청빙 승인 권한을 실제적으로 행사하는 방안을 제안하였다.
그러나 이러한 수준의 제안으로는 청빙의 공정성을 확보한 것이라고 할 수 없기에 보다 실제적이고 구체적인 절차 과정의 공정성을 보장하는 청빙 유형을 제시하여야 할 것이다.

4) 절차 공정성의 결과 변인

절차의 공정성이 교회에 미치는 영향력은 매우 크다. 공정한 절차에 의하여 청빙된 목회자는 그의 정서상 매우 안정되고, 청빙 받은 자긍심이 극대화된다. 교회의 목표와 비전 그리고 교회에 대한 지극한 애정을 갖게 되고, 교회를 위한 노력과 헌신을 하고자 하는 의욕이 높아지게 된다. 또한 공정한 절차로 청빙된 목회자는 공동체에 매우 긍정적 리더십을 발휘하고, 사역에 열정적으로 헌신하게 된다. 그 결과는 교회 성장과 성숙의 지속화로 나타날 것이다.

(1) 목회자의 정서 몰입

정서 몰입은 조직 몰입으로 발전된다. 정서 몰입이란 태도주의적인 입장에서 조직에 대한 보다 적극적이고 긍정적인 성향으로 정의할 수 있다. 정서 몰입은 공동체가 가지고 있는 목표와 가치관에 대한 강한 신뢰감과 수용할 의사를 표방한다. 그리고 더 나아가 공동체를 위해 더욱 열심히 하려는 의사를 가지고 조직의 한 구성원으로 지속적으로 남고자 하는 강한 욕구를 갖는 태도이다. 공정한 절차를 따라 부임한 목회자에게 나타나는 것이 바로 정서 몰입이다. 이에 대한 실증 결과는 이 책의 8장에서도 살펴볼 수 있다.

공정한 절차를 따라 청빙된 목회자에게 나타나게 되는 결과 변인인 정서 몰입은 다음과 같은 3가지로 드러난다.

- 개인이 공동체에 대한 만족감, 소속감, 자부심, 충성심 등과 같은 감정으로 느끼는 심리적 애착이다.
- 공동체를 떠나면 잃게 될지 모르는 축적된 투자와 부수적인 투자로 인해 공동체 구성원으로 남아 있어야겠다고 느끼는 개인적 경험의 정도(지속적 몰입)로 나타난다.
- 공동체의 목표 가치 및 사명의 내면화를 통해 공동체에 대해 개인적으로 느끼는 심리적 상태(규범적 몰입)가 된다.

공정한 절차를 통해 청빙된 목회자와 교회 공동체에는 이와 같은 결과 변인이 나타나게 된다.

청빙 받은 목회자는 경쟁과 관계없이 적합성에 따라 청빙되었으므로 자긍심과 자아상이 긍정적으로 발휘되어 매우 안정적인 정서를 갖게 된다. 지도자의 정서를 위해서는 필요한 것 3가지가 있다. 하나는 긍정적 자아상이며, 다른 하나는 자존감이며, 마지막으로 정체성이다. 이 3가지가 충족되면 안정된 영적 지도력을 발휘할 수 있다. 그런데 세습 승계나 승진 승계를 받은 자 또는 추천을 받아 경쟁 속에서 추천인과의 어떤 관계로 인해 청빙이 된 경우에는 과연 당당하고 떳떳하게 리더십을 발휘할 수 있을까? 공모로 청빙이 된 경우 직전에 섬기던 교회 모르게 진행되는 것이 대부분인데, 청빙이 최종 결정이 된 후에야 직전 교회에 알리게 되면 과연 직전 교회로부터 갖게 되는 자아상은 긍정적일 수 있을까?

사역지를 옮기기 위한 노력, 즉 청빙 공모 서류 제출, 면접 심사 참여, 설교 테스트까지 노력을 기울이는 동안 어느 목회자가 현재 섬기고 있는 교회에 "청빙 공고 난 교회에 서류를 제출하였습니다"라고 하거나 "제가 오늘 ○○교회에 청빙 관련 설교를 하러 다녀오겠습니다"라고 할 수 있는지에 대한 문제는, 향후 청빙 받아 부임한 후에라도 그 정서적 몰입도를 낮출 것이다.

그러므로 청빙은 채용 과정이 아닌, 절차 공정성을 통한 정서적 안정감을 도모하기 위해 하나님의 뜻을 묻고 찾아 하나님의 마음에 일치되는 목회자를 '청빙'하여 모셔 오는 것이 되어야 한다.

⑵ 긍정적 리더십 발휘

긍정적 리더십이란, 직위와 관계없이 직장에서 개인 혹은 팀이 최고의 능력을 보일 수 있게 행동하도록 하는 영향력이다. 긍정적 리더십을 가진 목회자는 우선 다른 사람들에게 좋은 영향을 주고 싶어 하기에 타인을 위한 헌신적 행동을 한다. 둘째, 교인 개개인과 공동체의 잠재된 능력을 최상으로 이끌어 내는 데 능력을 발휘한다. 셋째, 외부의 지원 없이도 공동체에 동기를 부여하는 탁월한 능력을 이끌어 낼 수 있다.

이러한 긍정적 리더십이 발휘되면 하나님의 교회를 건강하게 섬기고 이끌어 갈 수 있다. 그러기 위해서는 공정한 청빙 절차로 부임된 영적 지도자여야만 한다.

절차의 공정성으로 직전 교회로부터 청빙을 받아 부임하면 교회 내외적인 조직과 단체에 매우 긍정적인 리더십을 발휘하게 된다. "A목사와 B목사의 마지막 경합에서 40:60으로 지금 저분이 담임으로 되셨대!"라는 이야기를 듣고 부임한 목회자의 리더십과 소위 교회에서 모셔 온 목사님이 교회 안팎으로 발휘할 수 있는 리더십이 같을까? 다르다. 다를 수밖에 없다.

강력하고 긍정적인 리더십은 교회 공동체와 그 지역사회에 선한 영향력으로 강력히 발휘될 수 있다. 지금은 초연결사회이다. 지역 교회는 교회 내 모든 소문이 지역사회에 급속히 공유될 수 있다. '모셔 온 담임목사'와 '경쟁에서 이긴 담임목사', 그리고 '여러 뒷소문의 꼬리를 물고 부임한 담임목사'가 미치는 리더십은 같을까? 다르다. 그러므로 담임목사의 청빙은 그 절차의 공정성을 가장 우선으로 두어야만 교회가 건강하게 지역사회에 영향력을 발휘하게 된다.

김성진의 묵상으로 여는 시대 창문

여기저기서 진정한 리더에 대한 글들이 많이 올라옵니다.
혼란의 시기이기도 하고 선거철이기에 그렇겠지만,
난국을 이끌 리더에 대한 간절한 바람이
스며 있는 것을 느낍니다.

각 리더에게는 그의 리더십이 있습니다.
저는 리더십을 영향력으로 해석하고 있습니다.
다시 말해, 사람들에게 영향력을 끼쳐 공동체가
가야 할 방향으로 이끄는 힘이라 정의할 수 있습니다.

영향력이란, 미치는 힘입니다.

그런데 그 무엇으로 힘을 발휘하느냐의
문제 앞에 누구나 서게 됩니다.

민심을 돈으로 얻는다면,
돈이 영향력이 되어 그 돈으로 인해 사람들이 따릅니다.
돈이 떨어지면 안개처럼 사라집니다.
권력 역시 잠시 따르다 이내 사라집니다.

이 아침, "나를 따르는 사람들은 과연
나의 무엇으로 따르는 것일까?"
불현듯 영혼의 거울 앞에 서 봅니다.

영성의 언덕에 먼저 올라 그리로 사람들을 잘 도와
각기 자신의 인생을 살도록 성심을 다하고,
여기저기 그렇게 세워진 사람들이 많아지는
저의 삶이 되고 싶습니다.
그러한 영적인 힘이 있기에,
그래서 그들이 저를 따르는 리더이고 싶습니다.
가장 비참한 삶은 나이 먹어
인생 스승의 자리에 있음에도 불구하고 찾는 이가 아무도
없는 것, 참 쓸쓸한 삶이 될 것 같습니다.

겉치레 인사로 찾는 이가 아닌,
스승과 차 한 잔 사이로 이야기하고 싶고
가장 가까운 거리에서 나란히 오솔길 걸으며 삶을 나누는,
오랜 세월 녹아 있는 진솔한 삶의 여백을 나누는
그런 그림을 가슴에 안고 살고 있습니다.

누군가 찾을 만한 장소를 꾸미는 것이 아닙니다.
그렇게 찾아올 수 있는 저 자신 인생이어야 한다는 자각이
오늘 아침 가득 찾아옵니다.

매일같이 들리는 사회적 거리 두기,
그러면서 저와 제가 꿈꾸는 멘토의 자화상의
거리를 생각하게 되었습니다.

자신이 그리고 있는 미래의 자기 모습과
지금 나의 모습의 거리는 어떨까?

이런 생각으로
이 아침, 시대의 창문을 열어 봅니다.

(3) 사역에 열정적 헌신

심리학자 베르란드(Vellerand)는 열정 안에 3가지 요소가 내포되어 있는데, 어떤 특정한 대상에 대해 그 활동을 좋아하거나 '사랑'하며, 그 활동을 '가치' 있게 여기고, 그 활동을 위하여 '시간과 에너지를 투자'하는 것으로 말했다. 그렇다. 교회를 사랑하고, 그 교회에서 사역하는 것에 가치를 두며, 자신의 시간과 에너지를 몰입하는 것, 그것을 우리는 원한다.

하나님의 종인 목회자는 어디에 있든지, 어떤 곳으로 부름을 입든지 자신에게 주어진 사역에 대하여 흠 없이 성실하게 섬기고 헌신한다. 그런데 섬기는 교회 모르게 청빙 공고가 난 교회에 청빙 서류를 보낸 목회자가 과연 성실하게 자신에게 주어진 목회지에서 최선을 다하여 헌신적으로 사역에 몰입할 수 있을까? 의문을 제기할 수밖에 없다.

또한 비밀리에 청빙 과정을 진행하여(이미 공정성이 상실되었다) 청빙되었다고 하자. 그러면 부임 후 그 목회자는 다시 지금 부임한 교회에서 몰입하여 헌신한다는 보장을 어떻게 할 수 있는가? 그러기 쉽지 않다. 공정하게 청빙을 받아 부임한 목회자는 직전 교회와 부임한 교회에 당당할 수 있다. 하나님 앞에서도 부끄럽지 않다. 청빙 공고 서류를 교인들 모르게 비밀리에 제출하지 않았기에, 정직한 목회자이기에, 그런 목회자는 청빙 후에도 그 정직함으로 하나님께서 자신에게 맡겨 주신 사역지에 몰입하여 헌신적으로 사역에 임할 수 있게 된다.

(4) 교회 성장

상기 모든 결과 변인의 총체로 나타나는 결과는 교회의 성장이다. 비단 수적인 성장뿐 아니라 교회 자체로도 자긍심이 높아져, 교회의 변화와 이미지가 대외적으로 좋게 나타나게 되므로 교회의 안정감은 물론이거니와 더 나아가 그 이미지가 전도의 열매로 이어지게 된다.

한국교회의 위기를 언급할 때 우리는 교회 성장의 침체와 정체를 논한다. 교회는 성숙만큼 성장도 해야 한다. 교회 성장은 하나님의 몫이라고 전가할 것이 아니다. 교회 성장을 위해 다양한 노력과 헌신을 다하여야 한다. 그 헌신 중 하나가 청빙 절차의 공정성 확보임을 확신한다. 절차 공정성이 보장된 담임목사 청빙은 자연적 교회 성장을 이끈다.

"너희는 이 세대를 본받지 말고 오직 마음을 새롭게 함으로 변화를 받아 하나님의 선하시고 기뻐하시고 온전하신 뜻이 무엇인지 분별하도록 하라"(롬 12:2).

세상의 빛이 되기 위해 새로워져야 한다. 마음을 새롭게 하면 우리의 그릇된 일들이 보일 것이다. 바꾸어야 하는 것을 알고도 바꾸지 않는다면 우리는 영적인 분별력을 잃어버릴 것이다. 청빙 과정의 모순을 알면서도, 불공정성이 발견된 경우 모순을 극복하거나 절차를 수정하지 않고 도리어 고집스럽게 고수하는 것은 자기모순이다.

한국교회는 자기모순에 빠져 있다. 거룩을 역설하면서 거룩하지 않고, '죄의 삯은 사망이라' 하면서 죄 아래 있고, '욕심이 잉태한즉 죄를 낳는다'고 하면서 우리는 욕심으로 가득하고, '이웃을 네 몸과 같이 사랑하라'고 하면서 정녕 자신만을 사랑하는 모습이 얼마나 많은가. 세상은 이 모순을 적나라하게 바라보고 있다.

담임목사 청빙 역시 예외가 아니다. 자신들이 원하는 목회자를 청빙하려고 할 때, 그 청빙 과정에서 후보자가 섬기던 교회가 받게 되는 상처가 어떻든 상관없다는 것일까? 청빙 공고를 본 후 목회자의 마음에 지원서를 내려는 순간부터 최종 결정이 되기까지 길게는 6개월이 소요될 터인데, 그 기간 동안 과연 현재의 교회에서 다른 교회를 가려는 마음을 갖고 목회하는 목회자의 영적 리더십이 온전히 발휘될 수 있겠는가.

더 나아가 청빙하는 교회들은 자신의 교회로 오고 싶어 하는 목회자들이 60명, 70명, 100명이 넘었다고 좋아하고 자랑한다. 우리가 기억할 것이 있다. 그렇게 지원한 후보자들의 60~100개 교회도 과연 같이 기뻐할지 의문이며, 교회를 떠날 준비를 하고 있는 목회자가 교인들을 대하면서 어쩔 수 없이 느끼게 되는 이율배반적인 감정을 어떻게 설명할 수 있겠는가 말이다.

청빙에 지원한 후보자들의 생각은 지원서를 낸 교회로 향한다. 정신과 마음의 에너지가 빼앗길 수 있다. 그렇게 떠나려 하는 목회자가 강단에서 교회를 사랑하고 교회를 위한 헌신과 섬김을 독려할 수 있을지에 대한 자기 질문이 필요하다.

목회자들도 이곳저곳에 이력서를 제출하려고 하지 말고, 자신의 목회가 영향력이 있어서 타 교회들에 소문이 돌아 그들 교회에서 자신을 모셔 가도록 지금 그 자리, 하나님이 맡기신 목양지에서 성심을 다해 섬겨야 한다. 타 교회에서 자신을 모셔 갈 수 있는 자기 역량을 기르는 데 집중해야만 한다.

담임목사 청빙에서 절차 공정성을 따르는 것은 하나님의 교회를 살리는 길이다. 더욱이 목회자들은 하나님의 소명과 사명으로 부르심을 받았기에 지금 그 자리에서 한 가지 마음과 청지기 정신으로 섬겨야 할 것이다.

5) 절차 공정성과 청빙 유형의 상관관계

각 교회는 그 교회가 처한 현실적인 상황과 정황에 맞는 청빙 유형을 선택할 것이다. 나름대로 공정한 방식이라 여기며 진행한 청빙 절차이지만, 그 청빙 결과에 대해서는 거의 동일한 양상으로 사회적인 물의가 일고, 의문을 갖게 되는 결과를 낳고 있다.

왜 그런 것인가? 그 이유는 공정성 결여에 있다. 더욱 큰 문제는 이러한 현실에도 불구하도 아직까지도 청빙 절차에 있어서 공정성 결여에 대한 논의가 충분히 이루어지지 않고 있다는 점이다.

(1) 세습 승계 유형과 절차의 공정성

전임 목사의 기득권과 그를 따르는 교회 중진들과의 의합으로 진행되는 세습 승계 유형은 청빙 절차를 진행하는 데 있어 교인들과 상호 교감 과정이 없다. 청빙위원회와 당회에서 의결하고 통보하는 방식이기 때문에 편향성 배제가 이뤄지지 않는 동시에, 객관적인 기준이 없기 때문에 다른 많은 후보자들에게 형평성이 적용되지 않는다. 무엇보다 전임 목사의 아들이 대를 이어야만 교회가 안정되고 사역에 동요가 없을 것이라는 주장은 어떤 근거로부터 나오는지 알 길이 없다.

구약성경에 나타난 왕정시대의 계보는 자녀 승계로 이루어진 사례가 많다. 그러나 지금은 왕정시대가 아니다. 그리고 목회자도 왕이 아니다. 왕은 모든 역사 속에 반정이 없는 한 자녀들에게 왕위가 계승되었다. 그러나 교회는 왕이 다스리는 왕정이 아니다. 교회의 주인은 하나님이시며, 목사는 종임을 잊지 않아야 한다.

세습 승계 유형은 이미 그 자체가 공정하지 않다. 그러나 간혹 그 세습 승계의 절차에 하자가 없다고 주장하기도 한다. 각 교단이 정한 헌법에 준거한 절차를 밟았다는 것이다. 형식에 따라 공모도 하고, 주변의 지인들에게 추천을 받기도 하고, 다른 교회 부목사를 후보군의 이름으로 거명하기도 한다.

그러나, 과연 하나님 앞에서도 선한 양심과 진실함으로 공정하게 균등한 기회를 부여했다고 확언할 수 있는가? 세습하게 되는 사녀 목회자 중에 훌륭한 목회자들이 많은 것도 사실이다. 그렇다고 해서 아버지 목회자를 이어 교회를 무리 없이 이끌 수 있다는 이유는 되지 못하며, 더욱이 그 교회를 이끌기에 유일하게 탁월한 목회자라 말할 수도 없다.

"앉아서 먹는 자가 크냐 섬기는 자가 크냐 앉아서 먹는 자가 아니냐 그러나 나는 섬기는 자로 너희 중에 있노라"(눅 22:27).

목회자는 섬기는 자이다. 주관하는 자가 아니다. 그렇게 해서도 안 된다. 세습 승계는 그 모든 절차에 있어 공정하지 못하다.

(2) 승진 승계 유형과 절차의 공정성

전임 목사가 눈여겨보아 둔 부교역자 혹은 시무 당시 자신을 도운 성실한 부목사에게 교회를 승계하는 유형이다. 승진 승계 유형을 채택하는 이유로는 보통 교회의 상황을 잘 파악하고 있는 목회자에게 승계하기 때문에 교회에 불필요한 혼란을 미연에 방지할 수 있다는 것과 또한 신속한 교회 적응으로 안정된 목회 구현이 가능하다는 것을 말한다. 안정된 교회 위임을 위해서뿐 아니라, 무리가 없고 조용하고 은혜롭게 진행될 수 있다는 것도 주요한 이유로 들고 있다.

부목사를 오랜 기간 지켜보았다고 해서 그것이 공정성을 입증하는 것은 아니다. 일관성은 관철되지만 편향성을 띠고 있고, 그 후보자가 객관적으로 어떤 기준과 지표에 근거하여 적합한 후임자인지 고려되지 않는다. 더욱이 다른 많은 후보자들이 애당초 배제된 상태로 청빙이 이루어진다.

과연 은혜가 무엇일까? 교회가 교회다워지기 위해 준비된 목회자를 발견하고 그와 함께 교회의 미래를 이끌어 가는 것은 마땅히 교회가 해야 할 일이다. 그렇기에 후임자 선임에 불필요한 잡음이 없고 원만하고 조용한 청빙 절차라는 이유로 교회의 너무도 중요한 직무를 간과한다는 것이, 과연 하나님의 뜻을 따르는 것인지 자문해 보아야 할 것이다.

승진 승계 그 자체는 문제되지 않는다. 하나님의 뜻보다는 편의주의에 의거한 결정은 아닌지 깊이 되짚어 볼 필요가 있다는 것이다. 만약 그렇다면 교회에 합당하고 적합한 목회자는 애당초 배제되는 것이기에 이 또한 절차 공정성의 결여에서 자유롭지 못할 수 있다.

(3) 공모 유형과 절차의 공정성

다음은 한문덕 목사가 제시한 '목회자 청빙을 위한 절차'이다.[13]

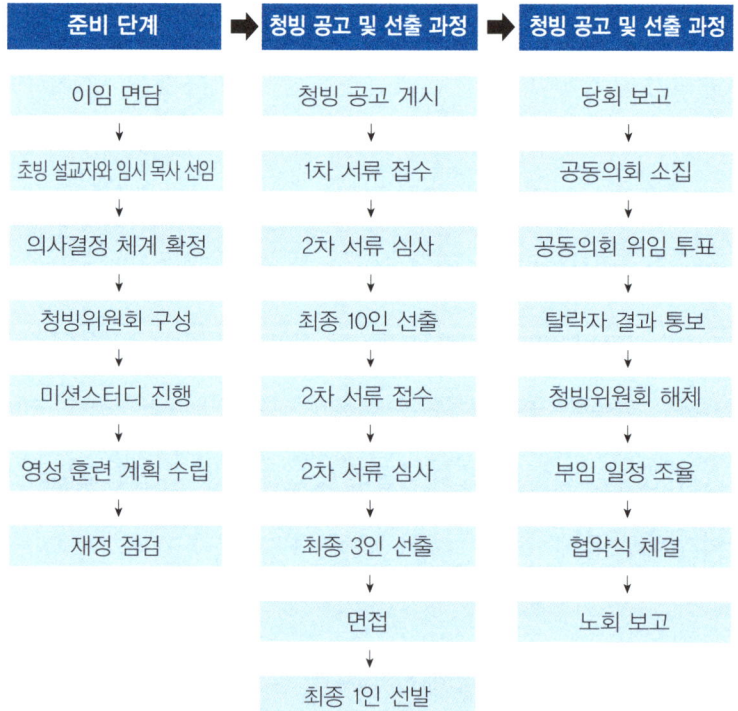

---

13) 한문덕 목사(향린교회, 2011 교회의날준비위원회 총무), 〈목회자 청빙을 위한 '절차적 원칙' 안내〉.

공모 유형은 어떤 특정한 후보를 지명하지 않는다는 점에서 편향성이 배제된다. 모든 사람들에게 기회를 부여하기에 형평성을 제공하고, 언론(신문)이나 SNS를 통해 일관성 있게 공고하는 절차를 취할 수 있기 때문이다.

그러나 취약점은, 공모된 다수의 후보자 중 한 사람을 선택하는 기준이, 목회 비전문가로 구성된 청빙위원들로서는 후보자의 학력, 경력 위주로 판단이 치우치기 쉽다는 것이다. 이 때문에, 그 교회의 목회 방향성에 적합한 리더십과 그 역량을 겸비한 후보자를 찾지 못할 수 있다는 한계가 크다.

그토록 많은 후보자들이 제출한 방대한 서류들이 어떻게 검토되며 검토의 지표는 무엇인지 공개되지 않는 공모는, 이미 절차상 공정성에 충분히 의문이 가게 된다.

공모 유형은 나름 객관적이고 투명하게 진행되는 것처럼 보이는 것이 사실이다. 그러나 오래전 담임목회를 하는 중 청빙의 기회를 갖게 된 필자의 경험을 나누고 싶다. 청빙 절차가 진행되는 3개월 동안, 내가 섬기는 교회와 교인들에게 진실되지 못한 모습을 보일 수

밖에 없었다. 본의 아니게 청빙 요청을 받은 사실을 숨겨야 했기 때문이다. 과연 이것이 바람직한 과정일까에 대한 의문은 깊어졌고, 결국 청빙의 기회를 내려놓았다.

절차 공정성에는 목회 비전문가에 의해 목회 관련 서류가 평가되고 심사되는 절차도 그 논의 대상이 된다. 목회 계획서, 목회 철학서, 교회의 다음 세대를 위한 목회 계획서, 설교 등의 전문적인 분석과 평가가 필요한 영역에 있어서 이 절차(영역)를 담당할 목회 전문가들의 참여가 생략되는 점에서 문제를 안고 있다. 이는 절차 공정성의 입장에서 부정적인 견해를 보일 수 있는 것이다.

공모 유형의 절차를 보면 일반적으로 다음과 같다.
먼저 청빙위원회를 구성하고, 청빙을 공개적으로 고지한다. 후보자의 서류가 모이면 위원회는 후보자들을 평가한다. 그 평가의 기준과 지표는 제각각이다. 위원회 각자의 영적인 자각과 지식의 범위에 따라 순위 매김이 된다. 그리고 순위대로 선정된 후보자를 차례로 불러 설교를 들어 보고 교인들의 여론을 수렴한다. 면밀한 청빙 심사를 위한 다음 단계로 당회나 청빙위원회에서 후보자들을 불러 여러 가지를 질문하는 면담 시간을 갖는다. 목회 방식, 성도와의 관계,

이성의 문제, 금전 문제, 악성 루머 등에 대한 확인 과정이다.

이런 절차는 기업에서 임원이나 직원을 채용할 때와 크게 다를 바 없다. 그러기에 목회자 청빙이 아닌 채용이란 말이 공공연히 나오는 것이 아닌가. 더욱이 영적 지도자를 청빙하는 데 있어 마음에서 일어나는 호불호가 객관적인 선정의 기준이 될 수는 없다. 공개적이고 합리적인 면이 있기에 합법적이고 민주적일 수 있다. 하지만 채용과 흡사한 형태로 담임목사를 모시기에 한국교회에 나타나는 다음과 같은 아픔은 우리가 함께 느끼고 있는 현상이다.

우선, 교회 내 교인들 사이의 이원화이다. 성향과 취향이 천차만별인 교인들은 청빙 과정에서 설교 등 여러 모양으로 후보자를 접하면서 자신들의 목소리를 내게 되고, 후보자 선발과 투표에 있어 교인 간에 갈등도 빚을 수 있다. 투표라는 것은 어느 한 편을 들게 되는 것으로, 자신이 선호하는 목회자가 선출되지 않았을 경우에 찬반이 나뉘고 갑론을박하면서 분열의 조짐까지 보이게 된다.

그리고 청빙위원과 당회원 사이의 갈등이다. 청빙위원회에서 위임을 받아 모든 절차를 공정하게 진행했음에도 당회에서 부결시켜 갈등하는 경우도 있다.

당회와 교인들 간의 갈등이다. 당회에서 청빙하기로 한 목회자를 사무총회[14]에서 교인들이 부결시킴으로 당회가 불신임을 받게 되어 갈등의 골이 깊어지게 된다.

청빙에 응하는 후보자인 목회자 간의 갈등도 있다. 상호 비방과 인신공격과 같은 음해성 소문이 돌게 되고, 지인을 동원한 해당 교회에 대한 로비가 귀한 하나님의 청빙 역사를 두고 일어나고 있음이 부끄럽지만 사실이다.

부정적인 결과만 있는 것은 아니다. 공모를 통해 객관적이고 공정하게 그리고 엄격하여 진행되어 순적하게 청빙을 종결하는 교회들도 많다.

(4) 추천 유형과 절차의 공정성

추천 유형은 후보자의 인격, 영성, 삶의 영역 등 서류로는 확인하기 어려운 부분에 있어서 주관적이지만 후보자를 잘 알고 있는 지인

---

14) 공동의회. 혹은 감리교단에서는 당회라고 함.

의 추천을 기반으로 세밀하게 파악할 수 있는 유형이다. 또한 절차가 간소하여 시간 소모가 적다. 하지만 여러 측면에서 신중히 고려해서 진행해야 할 부분이 많다.

우선은, 후보자에 대한 지인의 친분으로 추천되었다는 것 자체에 편향성의 논란이 있고, 추천인의 주관적인 견해에 의지하기 때문에 객관성의 측면에서 공격을 받을 수 있다. 추천으로만 이뤄지는 청빙이기에 다른 후보자에게는 기회가 없다는 점은 형평성에 대한 논란이 될 수 있다. 많은 교회가 공모와 추천을 병행하는 이유도 이러한 한계를 보완하기 위해서이다.

그러나 안타까운 것은, 추천으로 이미 내정해 놓고 공정한 청빙이 진행되었다는 이미지를 갖기 위해 공모의 절차를 밟는다는 점이다. 얼마나 부도덕하며 세속적인가? 이러한 사실을 모르는 채, 오늘도 기도하며 청빙 공모에 응하는 순수한 목회자들은 도대체 무엇이란 말인가? 들러리 서는 느낌을 다스리는 정도의 문제가 아니다. 겉치레, 보이기 위한 방책, 가식이며 교회 입장만 생각하는 이기적인 모습이 아닐 수 없다.

공정한 청빙을 위해, 온 교회가 하나 되어 해산의 진통을 겪으며 다음 영적 지도자를 모신 아름다운 교회가 분명히 많다. 청빙에 대한 이러한 불공정한 처사로 한국교회 전체가 오명을 쓰는 현실이 가슴 아프다.

지금까지 한국교회에서 진행되고 있는 청빙 유형을 살펴보며, 그 절차상의 비공정성을 살펴보았다. 각 교회마다 최상의 방안을 모색하기 위한 노력은 분명히 있지만, 어떤 유형을 선택해야 절차상 공정성에 논란이 없을지, 그 가이드가 부족한 것이 현실이다.

그렇다면 한국교회의 담임목사 청빙 문화에 변화를 가져올 수 있는 대안은 있는가? 그 절차상 공정성을 최대한 보장하며, 청빙 문화의 모순과 문제점을 극복할 방안은 무엇인가? 비본질적인 영역을 해결하고 각 유형별 단점을 보완하며, 유형별 강점을 극대화할 새로운 청빙 유형은 무엇인가?

필자는 한국교회의 담임목사 청빙 문제의 해결안으로 '헤드헌팅(목회전문가 의뢰) 유형'을 제시하고 싶다. 물론 아직은 생소할 것이다. 일반 기업에서 주로 사용하고 있는 인재 발굴 프로젝트의 일환이기에 더욱 낯설 것이다. 하지만 하나님의 직통 치유가 아닌, 의사를 통해 환자를 돌보는 것도 하나님이 사람을 치료하시는 하나의 방법임을 믿는 것과 같다. 세상에서는 올바른 인재를 발굴하여 기업의 활성화를 도모하고 사회에 기여하고 있다. 세상의 방법이 아니라 하나님이 우리에게 주신 지혜를 세상은 활용하여 기업을 튼튼히 세워 가고 있으며, 하나님이 주신 것을 바람직하게 사용하고 있다. 더욱이 교회가 이와 같이 적용한다면 바람직한 청빙 문화로 탈바꿈할 수 있을 것이라 확신한다.

다음의 에피소드로 이 장을 마무리하고 싶다.

한국교회에는 참으로 특이한 청빙 절차가 있다. 하나님의 역사를 기대하고 당회의 하나 된 의견으로 노회의 목사님 중 한 분을 모시기로 결정이 되었다. 전 교인이 모여 제비뽑기도 했다. 그렇게 순적하게 후임 목사를 결정하고, 심지어는 청빙위원들이 직접 찾아가 청빙 요청을 드렸다. 그런데 은퇴장로님 한 분이 당회를 찾아오셨다. "어찌 설교 한 편도 듣지 않고 제비뽑기를 할 수 있느냐?"는 것이었다.

설교 한 편으로 목회자를 판단할 수 있는 정도의 분별력은 있는가? 담임목사의 인격과 성품, 리더십의 역량, 그가 걸어온 목회자의 길에서 구비된 내용과 인간관계 능력이 설교 한 편으로 판가름 날 수 있는 것인가? 제비뽑기는 누구의 의지가 담긴 것이기에 반드시 초청 설교를 들어야 하는 것일까?

설교 한 편으로 사람을 분별할 수 있는 영적인 감각을 소유하고, 설교로 하나님의 인도하심을 분별하여 알 수 있다면, 굳이 설교를 듣지 않아도 어떤 분이 우리 교회로 와야 하는지 알 수 있지 않을까?

6. 전문기관 의뢰(Search Firm) 유형

1) 헤드헌팅의 이론적 배경

(1) 헤드헌팅의 개념과 정의

Head(머리)와 Hunter(사냥꾼)의 합성어로 승리를 상징하며, 적의 머리를 잘라오던 인디언 세계에서 유래된 말이다. 1970년대 서구 국가에서 외부의 전문 경영인 등 '고급 인력을 전문적으로 기업에 소개하는 사람'들을 일컬어 헤드헌터라고 하고, 그런 고급 인력을 소개해 주는 과정을 헤드헌팅이라고 불렀다. 헤드헌터는 기업이 인재를 영입하는 데 있어 가교의 역할을 하는 사람이고, 그런 사람들이 모여 일하는 회사를 헤드헌팅사 또는 서치펌(Search Firm)이라고 한다.

이러한 헤드헌팅은 고급 인재를 선임하도록 돕는 일을 넘어 고급 인재를 미리 확보하여 특별 그룹으로 분류해서 양성하기도 한다. 세상에는 인재 양성을 위해 헤드헌트 회사를 활용하는 데 적극적이고, 고급 인재를 발굴하여 적재적소에 배치한다는 포부가 뿌리내리고 있다. 헤드헌팅의 핵심은 기업에서 찾지 못하는 인재를 발굴하는 것이며, 채용 과정에서 절차의 공정성을 보장하는 것이다. 기업 자체에서 수행할 수 없는 전문 인력 채용, 즉 기업의 최고경영자, 임원, 기술자들과 같은 고급 인력의 취업 또는 스카우트를 대신 수행해 주는 헤드헌팅 서치펌 활용 빈도가 점점 늘어나고 있다.

한국교회 내에서는 단지 세상에서 사용하는 방법이라는 명분으로 거론조차 하지 않고 있다. 그러나 모든 교회는 좋은 인재를 모시고 싶어 한다. 실제로 교인들은 어느 곳의 어떤 좋은 목회자가 어떤 사역을 수행하고 있는지 알 길이 없다. 단지 신문지상, 소셜 네트워크를 통해 공모한다. 그리고 전임 목사는 인맥을 활용하거나 교단의 인맥 규모에 의지해서 추천받는 것이 최선이다.

공모든 추천이든 지엽적일 수밖에 없고, 공정한 청빙 절차가 되기는 객관적으로 불가능하다. 교회가 불공정을 조장한다는 뜻이 절대 아니다. 지금까지 수행해 온 청빙 유형 절차상 한계가 있음을 강조하는 것이다. 이제 교회는 헤드헌터를 통하여 객관성과 공정성을 담보한 헤드헌팅으로 청빙을 진행하는 것이 바람직하다.

(2) 헤드헌팅의 역사적 배경

일반 기업에서의 헤드헌팅 산업의 역사적 배경을 살펴보면 다음과 같다. 1929년 미국의 대공황 때 시작이 되었으며, 1945년 미국 제2차 세계대전 이후 비즈니스로 정착이 되었고, 80년대 들어서 IT를 비롯한 각 분야별 전문 헤드헌터들의 활동이 시작되면서 활성화되었다. 90년대에 들어서는 다국적 기업 및 프랜차이즈 기업들이 대거 활발한 인재 영입을 하면서 거듭 성장을 했다.

직접 원하는 인재를 찾아 나서기에는 시간적, 경제적, 인력적으로 한계가 있기 때문에 기업에서는 직접 필요한 인재를 영입할 경우 동종업계의 인재를 스카우트(scout)할 수밖에 없는 상황인데, 현실적으로 그러한 영입 활동이 비윤리적이고 비도덕적이기에 기업의 이미지 훼손을 불러온다는 생각으로, 외부 대행 기관의 서비스를 이용하면서 책임과 윤리 및 도덕성에 대한 질타로부터 회피하고자 하는 면도 없지 않았다. 이러한 요인들로 인해 기업들은 헤드헌터에게 채용을 의뢰함으로써 인재 영입에 성공하였다.

한편, 교회의 경우는 영업이익을 우선으로 하는 기업과는 조직의 목적이 다르지만, 조직의 활성화와 그 교회에 적합한 인재를 청빙하는 것은 모두의 바람일 것이다. 이제 교회 공동체도 그 교회에 요구되는 영적 리더를 객관적이고 공정한 절차에 따라 청빙하는 것이 바람직하다. 교회의 필요와 보다 더 확대된 사역을 희망하는 목회자들의 필요(needs)를 파악하여 가장 적합한 목회자를 찾아 연결해 주는 가교의 역할이 절실히 필요하다. 하지만 개체 교회가 전국에 흩어져 있고 그런 환경에서 무수한 후보들을 직접 찾아 나선다는 것은 많은 어려움이 따르기에 이에 관한 해결책을 모색해야 한다.

2) 헤드헌팅의 일반적인 절차

일반적으로 고위관리자 또는 전문가를 대상으로 하는 선급 조건부 헤드헌팅은 다음과 같은 절차에 따라 진행된다.

우선, 적절한 헤드헌트 또는 목회 전문 컨설팅 기관을 찾는다. 인재를 선임하려는 기업의 현재 상황, 최근 동향, 기업 내의 역학관계 등에 관한 정보를 수집하고 어떠한 인재를 찾을 것인지 계획을 세운 후 제안서를 제출하여, 채용하려는 기업과의 계약(통상 '컨설팅 계약'이라고 함)을 체결하게 된다.

그다음 후보자를 물색한다. 용역을 의뢰받는 컨설팅 업체는 회사가 요구하는 조건을 확인한 후 이를 분석·정리한다. 자료를 토대로 후보자를 추천받거나 미리 확보해 둔 데이터베이스를 통해 후보군을 선정한다. 이 과정에서 평판 조사(reference check)가 이루어진다.

이제, 후보자의 면접이 이루어진다. 컨설팅 업체는 최종 후보자 3~4인과 기업 채용 담당자 간의 면접 일자와 장소를 결정하고 통보한다. 면접은 통상 1회로 종료되며, 면접 시 컨설팅 업체는 참여하지 않는다.

그런 후에 기업에서 채용하고자 하는 후보자가 결정되면, 연봉 및 복지 등 구체적인 근무 조건의 협상이 진행된다. 컨설팅 업체는 후보자의 요구사항을 회사에 제시하고 조정 과정을 거친 후 계약이 체결된다.

계약이 체결된 후보자가 재직 중인 회사를 사임하고 새로운 회사에 출근하여 근무를 시작하는 시점에서 컨설팅 업체의 역할은 종료된다.

3) 교회에서 헤드헌팅의 실제

한국교회의 담임목사 청빙은 교회의 지속 성장에 매우 중요한 화두가 되어 있다. 잘 준비되고 훌륭한 인격과 영성이 구비된 목회자를 모시는 것은 모든 교회의 간절한 바람이다. 그러나 실상의 문제점은 그 원하는 바의 실제적인 기준이 각 개인마다, 청빙위원마다 다르다는 것이다. 각자만의 직·간접적인 경험과 주관적 관점으로 기준을 결정하고 그 기준에 근거하여 평가하고 있다.

담임목사 청빙 과정에서 상당히 많은 교회들이 갈등을 빚고 있다. 선호하는 목회자를 청빙하고자 하는 바람이 극단적으로 치달아 생기는 혼란이 있다. 마지막 최종 후보를 남겨 두고 투표할 때는 공개적으로 인사 결정 과정이 진행된다. 그 결정권이 청중에게 부여된 것이다. 청중의 투표로 최다 득표를 얻은 후보자가 선정되어 그 교회의 담임목사로 부임하게 된다.

전체적인 지지율이 어떠한지 공개된 상태로 목회자가 부임한 경우, 영적 지도력을 발휘해야 하는 입장과 지도력을 받는 청중의 입장 모두 과연 안정적이라 할 수 있을지, 과연 영적 리더십을 온전하게 발휘할 수 있을지 의문이 따른다.

우리 모두의 바람은, 교회의 변화와 혁신 그리고 지속적인 성장과 영적 성숙을 도모하며 영적으로 인도해 줄 수 있는 담임목사를 모시는 것이다. 이를 위해 반드시 보장되어야 하는 것은, 교인들을 포함한 믿지 않는 사람들의 인식 속에서도 공정하고 객관적이며 또한 성경적인 방식으로 이루어진 청빙이다. 청빙으로 인한 교회의 분란과 갈등은 지역사회에 부정적인 인상을 남기고, 이는 복음화 사역에 장애가 될 수 있다.

하나님의 나라를 위하여, 하나님의 뜻이 이뤄지도록, 청빙 절차가 공정하고 객관적으로 타당성이 충분하게 진행되어야 한다. 개개인의 생각대로 또 관습에 따른 규정대로 담임목사를 청빙하는 것은 이제는 배제해야 한다.

비단 담임목사만이 아니라 부목사의 부임도 신중하게 진행되어야 한다. 담임목사의 청빙 절차뿐 아니라 한국교회의 부목사 청빙 역시 이제 새로운 전환점을 가져야 할 것이다.

4) 교회 헤드헌팅의 절차

(1) 명확한 기준 제시

교회에서 목회자를 청빙하려고 할 때 가장 중요한 것은 정확한 기준을 세우는 것이다. 청빙 기준을 정할 때, 교회 자체에서 먼저 정립해야 하는 요건은 다음과 같다.

① 교회의 방향성(비전)

지금까지 우리 교회의 방향은 무엇이었는가? 그리고 향후 청빙으로 인해 지향할 교회 방향성은 무엇인가? 교회 방향성대로 이끌어 갈 목회자를 청빙해야 하기 때문이다. 예들 들어 보자. "우리 교회는 평신도 사역을 위해 팀으로 이끄는 공동체이다", "우리 교회는 D12 시스템을 운용해 왔고 이후로도 D12 시스템으로 나아가려고 한다", "우리 교회는 전통교회로서 시대의 흐름에 편승하지 않고 기독교 전통을 따르는 교회로 나아간다."

그렇다면 청빙으로 모실 목회자 선택의 기준은 조금 더 선명해진다. 이러한 사역을 추진해 왔거나 추진 가능한 역량을 소유한 목회자를 모시게 된다.

② 학력과 학위

청빙 광고에 보면 학력과 학위를 정확히 명시하고 있다. 그저 졸업증명서 제출로 되지 않는다. 박사(Ph.D.), 목회대학원 석사(M.Div.) 이상, 목회학 박사(D.Min.) 이렇게 명시한다.

담임목사 청빙

본 교회는 _____ 교회로 하나님의 비전을 함께 이루어갈 담임목사님을 청빙하고자 합니다.

1. 지원자격
   ① 학력: 본 교단 신학대학원 졸업자(M.Div 이상)
   ② 연령: 만 45세 전후(2020년 1월 1일 기준)
   ③ 경력: 본 교단에서 목사 안수 후 목회 경력 4년 이상인 자
2. 제출서류
   ① 지원서(최근 3개월 이내 촬영한 사진 첨부) ··················· 1부
   ② 자기소개서(본인과 사모 성장과정, 지원동기 및 목회경험과 목회철학) ··· 1부
   ③ 목회계획서 교회를 바라보는 목회비전과 교회운영계획서 ··· 1부
   ④ 최종학력증명서 ·· 1부
   ⑤ 주민등록등본 및 가족관계증명서(최근 1개월) ············ 각 1부
   ⑥ 목사안수증명서 및 노회소속증명서 ····················· 각 1부
   ⑦ 추천서 2부(목사 추천 1부 포함)
   ⑧ 설교 동영상(최근 3개월이내 설교 2회분 USB, CD, E-mail)
3. 제출기한: 2020년 2월 24일(월)~3월 25일(수) (마감당일 우체국 소인 유효)
4. 제 출 처:
5. 참고사항
   ① 제출서류는 반드시 등기우편으로 보내셔야 합니다.
   ② 제출된 서류는 비밀보장하며 반환하지 않으며 임의로 폐기합니다.
   ③ 1차 서류심사 통과자에게만 개별통지하며, 추가 서류를 요구할 수 있습니다.
   ④ 모든 서류는 등기우편으로만 접수합니다.
   ⑤ 제출서류가 사실과 다른 경우 최종 결정 후에도 취소할 수 있습니다.

담임목사 청빙위원회

> **담임목사 청빙**
>
> 교회입니다. 본 교회는 하나님을 경외하며, 주님의 몸 된 교회와 성도를 사랑하고, 복음의 열정과 비전으로 행복한 교회공동체를 이끌어 가실 담임목사님을 아래와 같이 청빙합니다.
>
> 1. 지원자격
>   ① 연령: 만 40~55세 기혼자(2020년 1월 1일 기준)
>   ② 학력: 본 교단 총회에서 인정하는 신학대학원 졸업자
>   ③ 경력: 목사 안수 후 목회경력 5년 이상인 분
>   ④ 대한예수교장로회(통합) 헌법과 사회법에 무흠한 자
> 2. 제출서류
>   ① 이력서(최근 3개월 이내 사진 포함) ·················· 1부
>   ② 자기소개서(가족소개 및 성장과정, 신앙이력 포함) ········ 1부
>   ③ 목회계획서(목회동기 및 목회계획) ·················· 1부
>   ④ 신학대학원 졸업증명서 ··························· 1부
>   ⑤ 목사안수증명서 및 노회소속증명서 ··············· 각 1부
>   ⑥ 최근 현 시무교회 주보 2주일분
> 3. 제출기한: 2020년 3월 14일(토)까지 도착분
> 4. 제 출 처
> 5. 참고사항
>   ① 제출서류는 우편등기로만 접수합니다.
>   ② 제출된 서류의 내용이 허위나 하자가 있을 경우 청빙결정 후라도 취소합니다.
>   ③ 2차 심사대상자는 개별통지합니다.
>   ④ 제출된 서류는 청빙자료로만 사용되고 비밀을 보장하며 반환하지 않고 폐기합니다.
>
> 담임목사 청빙위원회

③ 경력

보통 경력의 기준을 다음처럼 안내한다. "교단에 소속된 교회 목회 경력 ○년 이상." 이런 규정은 난해하다. 부목사 경력 몇 년인지, 담임목사 경력 몇 년인지 구체적으로 알 수 있어야 한다. 할 수만 있다면 대도시 담임목사 경력인지 중소도시 경력인지, 또는 어느 정도 규모에서 목회한 경력인지 명확히 하는 것이 좋다. 예를 들면, 다음과 같다.

- 중도시(인구 200,000명) 최소 출석 교인 100명 이상의 교회 담임 목회 4년 이상의 경력을 가진 목회자
- 신도시(수도권) 500명 이상 출석하는 교회에서 부목사로 3년 이상 경력의 목회자

④ 자기소개서

통일된 양식을 사용할 수 있도록, 자기소개서는 그 양식을 교회 홈페이지에 올려야 한다. 자기소개서 내용은 항목별로 기록할 수 있도록 한다.

⑤ 목회 철학서

목회 철학서 역시 공통된 양식으로 홈페이지에 올린다. 중요한 것은, 목회 철학서를 어떤 기준으로 누가 분석할 것인지 명확히 해야 한다는 점이다. 목회 철학서에는 반드시 들어가야만 하는 항목이 있다. 아래 항목들을 기준으로 교회에서는 양식을 구비해 놓아야 한다. 아래는 본 연구소의 '목회 철학 세우기' 강의안 중 일부이다.

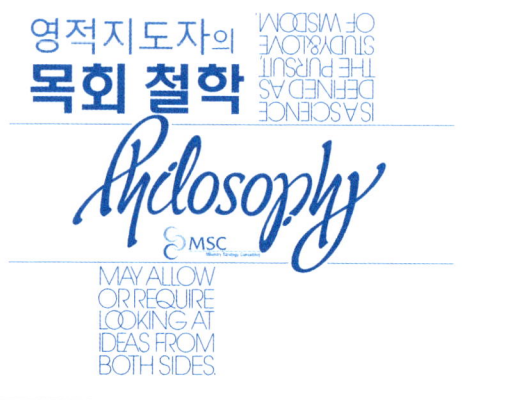

목회 철학의 6영역

1) 개인 사명 진술
2) 개인적 목회 철학
3) 교회적 목회 철학
4) 자기소개
5) 자신의 장단점 그리고 보완점
6) 미래 전망과 대안 제시

⑥ 목회 비전과 운영 계획서

필자는 한국교회 청빙 공고 중 몇 가지 항목에 대해 매우 우려하는 것이 있다. 목회 철학서, 자기소개서, 비전 소개서, 목회 계획서, 설교문이다. 요구하는 이 내용들은 전문적인 지식과 훈련된 목회전문가들이 분석하고 평가할 수 있는 내용이다. 그렇다면 비전문가로 구성된 위원회에서 어떠한 기준으로 목회자의 목회 철학과 설교를 평가하고 있는 것일까?

예를 들어, 목회 비전과 교회 운영 계획서를 작성해서 제출하라고 한다면, 다음과 같은 사전 조사와 정보가 있어야만 한다.

- 지역 인구 조사서
- 기존 교회의 연도별 성장 추이도(최근 5년간)
- 교회 출석 추이도(최근 5년간 평균 출석)
- 각 부서별 회집 인원과 연도별 추이도
- 각 중요 행사 진행과 참여도
- 교회 직분별 구성 비율
- 3년간의 목회 계획서
- 예결산 내역서
- 새가족 등록 상황과 정착률

교회가 먼저 이와 같은 자료를 공개한 후에야 그 자료에 근거한 현실적인 목회 계획과 교회 비전을 세울 수 있다. 형식을 갖추기 위한 서류 제출이 아니지 않은가. 우리 교회를 이끌어갈 지도력이 있는 목회자를 모시기 위한 정중한 요청이 아닌가. 이러한 정보 제공 없이 어떤 근거로 목회 계획을 세울 수 있는지 매우 궁금하다.

(2) 청빙하는 교회의 정황 분석

'담임목사 청빙 헤드헌팅'은 의뢰받은 교회가 원하는 목회자를 찾아(서치, search) 청빙을 돕는 사역이다. 그러기에 헤드헌터는 청빙 후보자들에게 의뢰한 교회에 대해 자세히 설명할 의무가 있다. 헤드헌터가 파악해야 할 교회의 정황은 아래와 같다.

- 교회 연혁
- 최근 5년간의 성장과 변화
- 교회 역사에서 진행되어 온 핵심 사역
- 교회의 방향성
- 당회 구성과 분위기
- 교회 구성원들의 성숙도
- 교회의 조직과 체계도
- 청빙을 하게 되는 배경

헤드헌터는 이러한 정황을 이끌어 갈 후보군을 찾는다.

(3) 청빙위원들과의 워크숍

워크숍은 청빙 요건 필요 서류, 교회 정황 분석 자료를 공유하며, 이후 절차에 대한 협의와 논의를 위한 시간이다. 담임목사 청빙 헤드헌팅은 전적인 협의로 진행하게 된다. 지속적으로 공문과 문서로 진행 과정을 보고해야 하고, 청빙위원회는 그에 근거하여 신속하게 협력해야 한다.

본 연구소(MSC)에서 진행한 교회의 경우, 청빙 완료 시까지 다음과 같은 시간을 가졌다.

① 교회 컨설팅 시행: 청빙 의뢰 교회의 정확한 정황 분석
② 당회원 워크숍 4회
③ 청빙위원회와의 미팅 5회
④ 절차상 협의회의 3회

(4) 1차 후보자 선정

청빙 의뢰 교회가 제시한 기준에 근거한 후보군을 확보한다. 대략

50명을 후보군으로 선정한 후 기본 서류와 청빙 요건에 부합하는 후보자 15명으로 압축한다. 그 기준은 서류 심사이다. 물론, 청빙위원회와의 협의하에 진행한다.

(5) **평판 조사**(Reference Check)

후보자의 서류를 검증(check)하는 동시에 후보자의 사역지, 즉 지역사회와 사역 중인 교회에 대한 현장 조사이다. 교회에서 진행하고 있는 실제의 사역 내용을 확인하고 영적인 분위기를 설문과 평가서를 통해 최대한 예측하고 점검한다. 평판 조사는 스펙보다 실제 사역 현장의 평판을 확인하는 것으로 매우 중요하다. 서류와 설교만으로는 사역 현장의 분위기를 알 수 없고, 이를 통해 목회자를 평가한다는 것은 충분히 객관적이지 못하기 때문이다.

후보자의 사역 현장을 점검하는 것은 청빙 후의 문제를 최소화하고 여러 오류를 미연에 방지하며, 무엇보다 제출서류와 평판의 일치성을 확인하는 과정이다.

평판 조사에는 2가지 방법이 있다.

① 일반적인 자료 참조(Reference Check)

먼저 후보자를 잘 아는 지인들을 찾는 것이다. 또는 그 후보자에 대한 참고자료를 열람하여 후보자의 사역 능력, 부임 이후의 교회 성장 정도, 당회 운영 방식과 화합의 정도, 일반적인 후보자의 전반 내용에 걸쳐 확인한다.

② 블라인드 체크(Blind Check)

후보자가 알지 못한 상태에서, 헤드헌터가 지역을 방문하여 교회의 인근 주민들 또는 교인을 임의로 선정하여 조사한다. 본 연구소에서는 두 번째 방안으로 진행하고 있다.

본 연구소에서 진행된 평판 조사의 결과 분석표이다.

	목사님 평판	교회 평판	교인 평판	전도 평판	봉사 평판	총점 (가중치무)
○○○나무	4.4	4.7	6.1	5.3	2.5	23
○○○나무	3.5	3	3	2.8	2.1	14.4
○○○나무	2.6	2	6.6	6.7	2	19.9
○○○나무	2.5	2.5	2.9	3.2	2	13.1
○○○나무	4.9	5.8	5.9	5.6	6.3	28.5
○○○나무	3.3	3.3	3.7	3.9	3.9	18.1
○○○나무	2.4	2.8	3	2	2	12.2

○○○나무	2.2	3.2	2.5	2.3	2	12.2
○○○나무	4.8	4	5.4	4.4	2	20.6
○○○나무	4	5.6	5.1	5.8	6.3	26.8
○○○나무	2.2	2.3	3.9	4	3.3	15.7
○○○나무	2.75	3.8	2.3	4.35	3.8	2.75
○○○나무	7	7	6	7	7	34
○○○나무	2	4	2	4	2	14

일반 기업에서 평판 조사는 전문가 채용 시에만 시행했던 방법이었으나 이제는 다양한 분야로 확대되어 인재 영입을 위해 보편적으로 사용하고 있다.

교회 또한 최종 후보자를 압축한 뒤, 헤드헌팅사에 평판 조사를 따로 의뢰할 수 있다. 제출서류와 실제 사역 현장의 검증이기 때문이다.

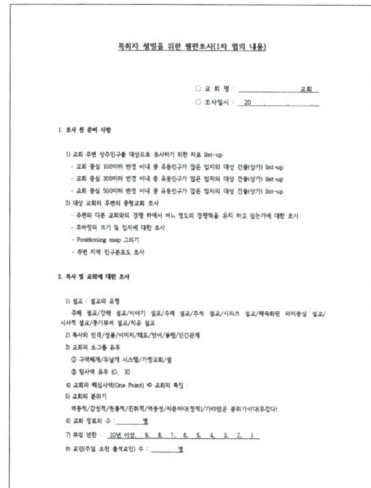
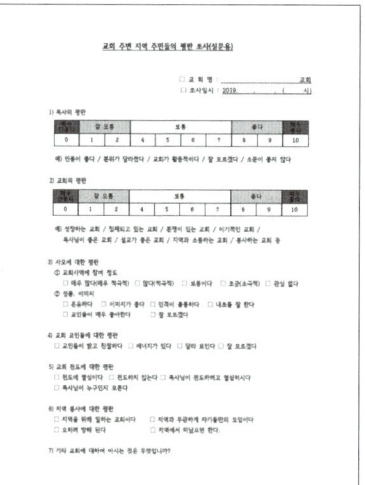

(6) 2차 후보자 선정

평판 조사 결과표를 청빙위원회에 제출하면, 2주일 내 청빙위원회는 2차 후보자를 결정하여 회신한다. 이때 후보군은 50% 정도로, 7~8명이 될 것이다.

2차 후보자 최종 선정 전, 교회에서는 청빙위원회 주관으로 두 이레간 특별새벽기도회를 시행한다.

수신자	목회전략컨설팅연구소(MSC)
(경유)	담당자
제 목	편판조사결과에 따른 청빙 대상 나무 발송

1. 귀 연구소의 번영을 기원합니다.

2. 귀 연구소에서 보내주신 공문 2019.11.15(금) 관련입니다.
   아래의 표와 같이 귀 연구소에서 보내주신 평판 조사 결과 등 자료를 참고하여 본 교회에서 추천 나무를 청빙 대상에 추천하오니 이분들 중 심층 인터뷰를 진행해 주시기 바랍니다. 마침

— 아 래 —

담임목사(7)	부교역사(1)	비고
대나무	떡갈나무	
자작나무		
감나무		순서는 순위가 아님
호두나무		
유자나무		
벚나무		
물푸레나무		

(7) 대면 인터뷰 진행

2차 후보군 각각을 직접 만나 일대일 대면 인터뷰를 시행한다. 인터뷰 내용과 소요 시간, 그리고 인터뷰 결과를 청빙위원회에 송부한다.

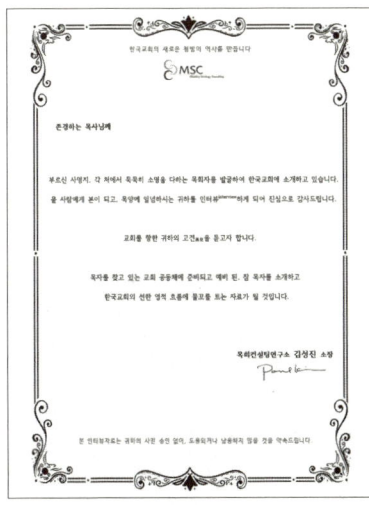

6 _ 전문기관 의뢰(Search Firm) 유형

(8) 최종 후보 결정: 제비뽑기

절차의 공정성과 성경적인 진행을 위해 다음의 절차로 제비뽑기를 시행한다.

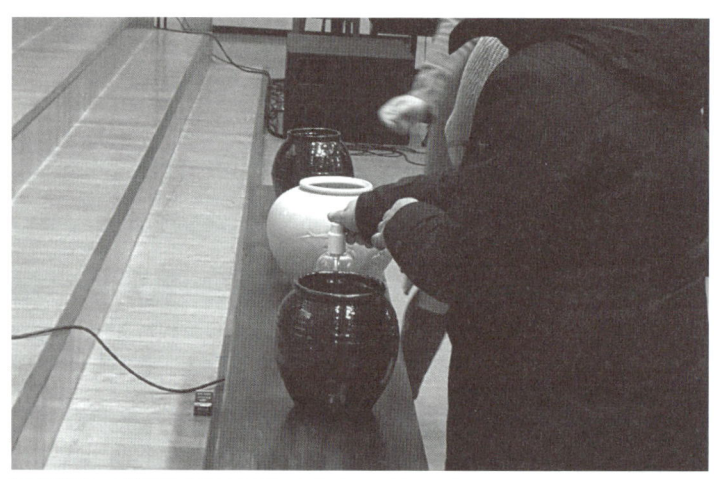

첫째, 담임목사 청빙 절차 공포

둘째, 진행의 공정성과 절차 공포

셋째, 성경적 방법인 제비뽑기의 설명

넷째, 두 이레 전교인 기도회

다섯째, 최종 후보 5인에 대한 무기명 제비뽑기 시행

여섯째, 1~5차순 무기명으로 결정

(9) **협상 개시**

1~5차순이 결정되면, 서면으로 통보받은 1차순부터 협상에 들어간다. 이때 필요한 것은 담임목사에 관련된 예우 조건이다. 차순별 협상으로 최종 후보자가 결정된다.

(10) **청빙 요청서 전달**

청빙위원회는 청빙 요청서를 들고 직접 최종 후보자에게 전달한다.

담임목사 청빙을 위한 교회 헤드헌팅의 절차는 이렇게 마무리된다.

정주채 목사는 '목사의 입장'에서, '청빙이란 무엇인가?'에 대해 다음과 같이 언급하고 있다.[15]

"청빙은 하나님의 부르심(calling)에 근거한다. 하나님의 부르심을 교회가 대행하는 것이 청빙이다. 성령 강림 이전에는 하나님의 부르심이 직접적으로 나타났다. 선지자들을 부르시고 그들을 파송하셨다. 또 선지자들에게 계시로 말씀하셔서 그가 세우실 자들에게 기름을 붓게 하시고 일을 맡기셨다.

그러나 성령 강림 이후에는 달라졌다. 직접적인 부르심이나 제비 뽑는 방법이 교회를 통하여 선택하게 하는 방법으로 바뀌었다. 그리스도를 주로 믿는 각 사람에게 성령께서 임재하셔서 언제나 함께 하심으로 모두가 성령님의 인도하심을 받을 수 있게 된 것이다. 그리고 성령을 받은 사람들이 모인 것이 교회이므로, 교회는 하나님의 뜻을 찾고 받드는 권위 있는 공동체가 되었다.

하나님께서는 개개인에게 성령으로 말씀하시고 인도하시지만, 역시 개인은 하나님의 뜻을 분별하는 일에 온전치 못할 가능성이 많다. 그러므로 교회가 모여 기도하고 함께 하나님의 뜻을 찾고 확인

---

15) 정주채, "진정한 청빙이란 무엇인가?" 기독교대한성결교회 활천지 605권 4호, 2004년 4월호(Vol. 605, No.4, 12.).

하는 것이 필요하고, 또 이것이 더 완전하고 객관적이다. 따라서 하나님께서는 교회를 통하여 사람을 부르고 세우시는 일을 하신다. 개인적으로 소명을 받은 사람이라 할지라도 교회를 통하여 그 소명이 확인되고 확정된다.

청빙이 무엇인가? 청빙은 교회가 하나님의 부르심을 확인하고 수행하는 과정이다. 그런데 이런 과정에서 믿음과 경건을 잃어버리면 그것은 한갓 인간 놀음에 지나지 않게 된다. 청빙의 진정한 의미를 찾으려면 먼저 하나님의 부르심을 이해해야 한다. 우리가 교회에서 일꾼을 세울 때 기본적으로 갖는 신앙고백은 '하나님께서 부르시고 세우신다'는 것이다. 따라서 청빙은 그것을 받는 자나 하는 자 모두가 하나님의 뜻을 찾고 수행하는 자로서 믿음과 경건이 있어야 하며, 거기에 합당한 품위가 있어야 한다."

교회는 하나님께서 역사하심 아래 모든 절차가 진행되어야 한다. 교회의 담임목사는 채용하거나 채용되는 것이 아니다. 청빙은 '청하여 모셔 오는' 중요한 섬김의 사역이다. 영적 지도자로 청하여야 하는 담임목사를 평가하여 뽑거나 채용할 수도 없다. 그러므로 하나님의 성경적 방식에 가장 근접한 청빙의 유형이 헤드헌팅임을 강조한다.

한 교회에서 후임으로 그 교회를 이끌어 갈 영적 지도자를 찾고 있다. 교회는 청빙위원회를 구성하고 전문기관의 도움을 받기 위해, 교회 전문 헤드헌팅 서치펌을 선정하여 청빙을 의뢰한다. 교회는 청빙위원회와 교인 간의 소통을 위한 사역에 집중하고, 청빙 진행을 위한 전 교인 기도회와 같은 화합과 공감대 형성을 위해 전념한다.

반면 목회 전문 헤드헌터는 현장에서 사역에 헌신하고 있는 가장 적합한 목회자를 발굴하여 교회에 소개한다. 제3자인 외부 기관(헤드헌팅 기관)의 협력으로 공정한 청빙 절차를 거친 교회는 제비뽑기를 통해 최종 후보자를 결정한다.

이렇게 결정된 최종 후보자에게 청빙위원회가 찾아가 정중히 영적 지도자의 자리를 권한다. 이렇게 청빙 요청을 받은 목회자는 현재 시무하고 있는 교회와 앞으로 이끌고 갈 교회에 얼마나 당당히 설 수 있겠는가. 그 어떤 숨김도 없이, 모두가 하나님의 영광으로 온전히 돌리며 아름다운 목양을 할 수 있지 않겠는가.

청빙 의뢰 후 교회 헤드헌팅 프로세스

청빙에 대한 명확한 기준 마련 및 제시
↓
청빙 의뢰 교회에 대한 정황 파악
↓
청빙위원회 워크숍
↓
1차 후보자 선정
↓
평판 조사 시행
↓
2차 후보자 선정
↓
대면 인터뷰 진행
↓
최종 후보 결정
↓
협상 개시
↓
청빙 요청서 전달

7.
담임목사 헤드헌팅 실제 수행 과정

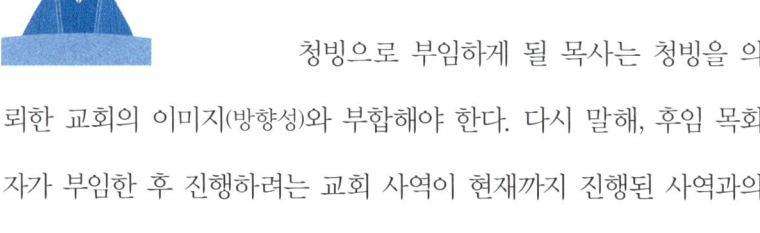

청빙으로 부임하게 될 목사는 청빙을 의뢰한 교회의 이미지(방향성)와 부합해야 한다. 다시 말해, 후임 목회자가 부임한 후 진행하려는 교회 사역이 현재까지 진행된 사역과의 연장선상에서 적합해야 한다는 것이다.

지금까지 열거된 청빙 유형들의 가장 큰 한계는 절차상 공정성이었다. 이를 가장 효과적으로 극복할 수 있는 것은 외부 전문가에게 의뢰해서 객관성을 극대화하고 청빙의 투명성을 보장하며, 목회 철학, 설교와 같은 영역 역시 목회전문가가 분석하게 하는 것이라고 확신하고 있다.

한국교회에는 세속적인 가치관을 가지고 더 좋은 조건과 더 큰 규모의 교회를 찾아 야망을 키워 가는 목회자도 있겠지만, 훌륭한 인격으로 소명감을 붙들고 묵묵히 걸어가는 목회자들이 더 많다. 이러한 분들을 발굴하는 것을 넘어, 공정하고 객관적으로 평가할 수 있는 제도적 보완이 마련되어야 한다. 공신력 있는 외부 인사와 전문가의 조언을 듣는 창구가 있어야 한다. 필자가 이제 한국교회에 소개하는 것이 바로 교회 전문 헤드헌팅 사역인 것이다.

헤드헌팅(전문가 의뢰)은 다음과 같은 절차(Head Hunting Process)에 의해 진행된다. 아래는 본 목회컨설팅연구소에서 진행하고 있는 절차로, 2018년 12월 29일 청빙 위탁 계약 체결로 추진된 과정이다.

첫째, '청빙과 관련된 제반 사항에 대한 논의'가 충분히 이뤄지도록 교회와의 미팅을 2~3회 진행한다. 이 시간에는 다양한 그룹들과의 면담을 통해 교회론과 청빙과 관련된 회중들의 요구사항을 듣고 분석한다.

둘째, 해당 교회의 목회 전반에 걸친 '교회 컨설팅'을 시행한다. 교회 컨설팅을 해야 하는 이유는, 교회의 현안 문제를 면밀하게 파악하고, 그 지역에서 어떠한 영향력을 발휘할 수 있는 교회로 나아가야 할 것인지, 교회의 향후 방향성(이미지)을 결정하기 위함이다. 교회 방향성은 후임 목사를 청빙하는 절차에서 가장 중요한 핵심 과제로, 그 교회의 방향성에 가장 적합하게 준비된 후보자를 선정하기 위함이다. 이는 교회의 목회 방향을 '계승'하고 '발전'시킬 수 있기 때문이다.

셋째, 청빙 절차의 '전체 일정에 대한 계획을 수립'한다. 청빙 의뢰를 받은 전문가는 모든 과정의 공정성과 객관성을 가장 우선하기 위하여, 교회로부터 위임받은 청빙위원들과 지속적인 교류를 통해 상호 점검 및 최종 절차를 논의하고 결정한다. 이때 교회가 원하는 청빙의 기준안은 공문으로 접수하고, 그 결정에 따라 전문가는 교회를 대리하여 청빙 절차를 진행하며, 최종 후보 결정 시까지 청빙 후보에 관한 모든 정보에 대하여는 익명으로 진행한다.

넷째, 교회들의 '평판 조사'를 시행한다. 평판 조사는 교회와 목회자의 활동과 능력에 대하여 종합적이고 객관적인 평가를 하기 위함으로, 직접 방문하거나 설문지를 통해 교회 내부와 외부의 평판 조사를 시행한다. 물론, 이 과정 역시 전문가가 임의로 진행하지 않는다. 청빙을 의뢰한 교회와 청빙위원회의 결정과 요청에 근거하여 평판 조사를 시행한다.

다섯째, 최종 후보자 3~5인을 교회의 공동의회 혹은 사무총회(감리교단의 당회)를 열어 최종 제비뽑기를 통해 차순을 정하고, 그 차순에 따라 헤드헌터(전문가 의뢰)가 진행하는 후임 목회자 처우에 관한 청빙 협상이 진행된다.

여섯째, 협상이 체결되면 인보이스(Invoice)를 발행함으로 모든 청빙 절차는 종료된다.

필자는 지금까지 진행해 온 한국교회의 청빙 유형에 대한 분석을 확장하여, 절차의 공정성을 최대한 이룰 수 있도록 기업에서 활용하고 있는 헤드헌팅(전문가 의뢰)을 청빙 유형의 한 방법으로 연구했다. 기존의 청빙 유형을 토대로 하여 절차의 공정성을 최대한 보장할 수 있는 헤드헌팅(전문가 의뢰)의 방법을 접목하면, 개 교회별로 교회의 상황에 맞게 활용할 수 있을 것이다.

예를 들어, 첫 번째 응용할 수 있는 방안은 처음 공모 단계부터 헤드헌팅(전문가 기관 혹은 서치펌) 기관에 의뢰하여 진행하는 것으로,

전적으로 위임하는 방안이다. 두 번째 응용할 수 있는 방안은 일정 후보들에 대하여 평판 조사를 위탁하는 것으로, 위에 언급한 종류의 평판 조사를 시행하는 방법이다. 세 번째는 서치펌을 통해 후보군을 추천받는 방안이다.

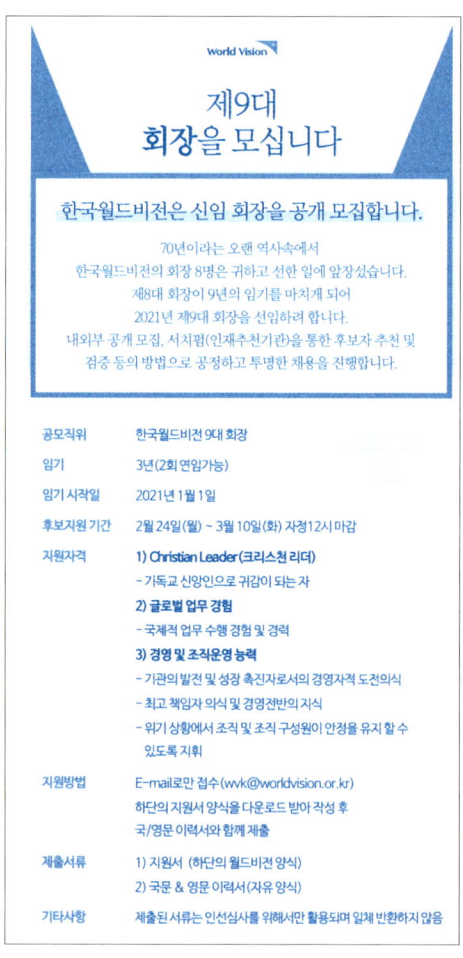

네 번째는 담임목사 청빙 광고를 내는 것부터 시작하여 최종 면접까지 헤드헌터에게 위임하는 방안이다. 물론 설교 평가까지 진행되면 더욱 절차의 공정성과 객관화가 보장될 수 있다. 본 연구소(목회컨설팅연구소, MSC)의 경우, 설교 컨설팅 분석 도구를 통해 후보자의 설교문 또는 동영상을 23가지 영역에서 분석한다.

다섯 번째는 교회가 바라는 목회자의 요건을 전적인 기준으로 삼아, 그 범주 안에 해당하는 후보군을 찾아 위에서 언급한 헤드헌팅 유형 중 하나로 진행하는 것이다.

향후 담임목사 청빙에 관련된 연구가 활발하게 진행되어 절차의 공정성이 교회 안팎에서도 수용되는 청빙 유형을 개발하고 발전시켜 나간다면, 교회에 대한 대사회적인 반정서를 회복하며 교회의 정체성을 명확하게 드러낼 수 있을 것이다.

바람직한 담임목사 청빙 요건에서 절차 공정성이 참으로 중요하지만, 더욱 중요한 것은 이 모든 과정들이 청빙을 준비하는 교회 교인들에게 신앙적으로 성숙할 기회가 되게 하는 것이다. 청빙하는 교회는 전 교인이 참여하는 특별 세미나와 영적 리더십에 관한 소그룹

세미나, 그리고 새로운 리더십에 대한 사전 준비를 위한 워크숍을 반드시 가져야 한다.

수요와 공급의 원리를 따라 과잉 공급체계에서는 수요자들은 상품을 선택하고 어떤 선호도를 가지므로 수요자의 취향이 생긴다. 우리 한국교회 또한 이러한 시장 논리에 직면하고 있고, 공급이 수요를 초월하였다. 즉, 매년 배출되는 신학생과 목회자의 수가 교회에 필요한 수보다 많아졌기에 수요자 만족의 법칙이 작용되어 그 부작용으로 청빙이 채용으로 비추어지는 지경에 처한 것이다.

교회는 청빙이라는 본질적인 개념 이해부터 다시 점검해야 한다. 담임목사를 청빙하는 일련의 모든 과정 속에 하나님의 섭리와 성령의 기름 부으심이 있어야 한다. 그렇지 않으면 시장의 논리에 근거하여 담임목사를 선택하게 되는 비극적인 상황으로 전개될 수 있다.

앞에서도 언급했지만, 교회는 거시적 관점에서 교회를 진단 및 분석(컨설팅)하여 교회의 방향성을 정하고 '진정한 교회가 무엇인지?', '우리 교회가 우리 지역에서 어떤 교회가 되어야 하며, 성경적인 목회자상과 역할이 무엇인지?', '교인들과 직분자들의 역할은 무엇인지?'를 정리하고 공부해야 한다. 지속적으로 토론회를 열어 소통하고 공감대를 형성해야 한다. 교회의 사명과 비전을 공유하고 이를 이어 갈 목회자가 청빙될 수 있도록 지속적으로 기도회를 열어야 한다.

교회의 방향성을 이끌어 갈, 더 나아가서는 미래 우리 교회의 역사를 이끌어 갈 목회자 청빙의 중요성을 인식하기 위한 토론회를 겸해야 한다. 새로운 담임목사를 청빙하는 과정을 교인들과 교회가 한 단계 성장하고 성숙할 기회로 삼아야 할 것이다.

담임목사 청빙의 중요성은 아무리 강조해도 지나치지 않다. 왜냐하면 교회의 생명력과 지속 성장에서 목회자의 역할과 비중이 매우 높기 때문이다. 목회자는 교인들의 욕구와 필요를 확인하고 그것을 충족시키며 하나님의 사역을 할 뿐 아니라, 교회의 나아갈 방향에 대한 예언자적 역할도 수행하기 때문이다.

교인들의 삶을 변화하게 하고 하나님의 청지기로 살아가게 하며, 남녀노소 직분 여하를 막론하고 영적인 지도력을 발휘하는 위치에 있기 때문이다.

다시 한 번 바람직한 담임목사 청빙의 순서를 점검한다.

교회는 다음과 같은 순서로 담임목사 청빙을 진행하여야 한다.

첫째, 현 교회의 진단과 분석(컨설팅)

둘째, 분석 결과를 근거로 한 교회의 미래 방향성 결정(교회의 이미지와 브랜드)

셋째, 교회 방향성(비전) 공유를 위한 교회론 세미나, 그리고 집회, 워크숍

넷째, 담임목사 청빙 방식을 위한 토론회와 공유

다섯째, 청빙위원회 구성(교인 대표와 전문가 구성)

여섯째, 청빙 유형 결정(절차의 공정성과 객관성)

일곱째, 청빙 절차 진행

여덟째, 청빙

마지막, 청빙 과정에서 우리가 잊지 않고 거쳐야 하는 절차가 있다. 그것은 최종으로 결정되지 못한 목회자들에 대한 배려이다. 최종 결정에서는 배제되었지만 그들 대부분은 하나님께 기도하며 청빙에 참여했을 것이며, 교회에 깊은 관심을 가지고 특히 청빙하는

교회에 대한 목회 계획서를 제출하는 공모 유형의 경우는 더 많은 열정을 갖고 준비했을 것이다. 후보자 각 개인의 바람을 담고 기도로 준비하며, 각오와 결단을 새롭게 하며 지원했을지 모를 목회자들에 대해 교회에서 섬김을 고려한다면 경솔하게 사후 처리를 해서는 안 될 것이다.

청빙 완료 후 지원자 전원에게 감사의 뜻을 전해야 한다. 최종 후보군으로 참여한 후보자의 경우에는 적당한 사례를 하는 것도 아름다울 것 같다고 생각한다. 전화로 통보하는 것 이상으로 감사편지와 작은 선물을 보내는 것도 바람직한 청빙 절차의 마무리로, 교회다운 섬김의 모습이라고 생각한다.

> "마음의 경영은 사람에게 있어도 말의 응답은 여호와께로부터 나오느니라"(잠 16:1).

청빙 절차는 사람들이 모여 계획을 세우고 진행하지만, 그 배후에는 하나님의 섭리하심이 있음을 기억해야 한다. 모든 것은 하나님께로부터 나오게 된다. "사람이 마음으로 자기의 길을 계획할지라도 그의 걸음을 인도하시는 이는 여호와시니라"(잠 16:9)고 하셨다. 청빙에 관여하고 참여하는 청빙위원들은 하나님의 대리인 역할이기에 어떤 경우에라도 공정성과 진실성을 떠나 참여해서는 안 된다. 더욱이 청빙위원들은 청빙 과정 중 많은 교인들의 의견을 들어야 하는 정황이 발생하는데, 청빙위원들은 누구의 의견에 휩쓸려서는 안 될 뿐 아니라 어떤 권위와 압력으로부터도 자유로워야 한다.

교회와 교인들은 청빙위원회에 위임한 이상 위원들을 신뢰하고 중보기도로 동참해야 하고, 마지막 제비뽑기 단계에서 하나님의 뜻으로 최종 선택된 목사님이 결정될 때까지 영적인 무장이 필요하다. 모든 결정은 하나님의 뜻이었음이 고백되어야 한다.

> "잘 다스리는 장로들은 배나 존경할 자로 알되 말씀과 가르침에 수고하는 이들에게는 더욱 그리할 것이니라"(딤전 5:17).

비록 자신이 선택하지 않은 목회자가 최종 결정되었더라도 목회자를 존경하고 목회에 적극적으로 협력 지원하는 섬김이 있어야 한다. 청빙은 새로운 경영자를 영입하여 일하게 하고 급료를 주는 주종의 관계가 결코 아니며, 목회자는 고용된 일꾼이 아님을 기억해야 한다.

청빙 절차는 청빙하는 교회에 적합한 목회자를 선택하기 위한 과정일 뿐이다. 따라서 앞에서 강조했지만, 청빙의 모든 절차보다 우선적인 것은 교회와 목회자의 본질적 문제이다. 어떤 목사이든지 그 교단의 기본적 기준에 준하여 안수를 받았기 때문에 누구나 청빙의 대상이 될 수 있음을 인식해야 한다. 청빙의 자격은 목사가 된 것으로 이미 주어진 것이다. 그 외에 여러 가지의 조건을 요구하는 것은 엄밀하게 말하면 이미 세속적임을 기억하고, 본질에 근거한 청빙 문화로 성숙해야 할 것이다.

한국교회가 위기를 벗어날 길은 교회의 혁신에 있다. 수많은 프로그램으로 교회가 바뀌는 것이 아니라, 교회의 변화는 영적 지도자와 중직자들의 교회관에 달려 있다. 교회가 교회 되기 위해, 건강한 교회가 세워져 가기 위해, 지역사회와 세상에 지속적으로 선한 영향력을 도모하기 위해, 이 땅에 복음의 물결이 넘치는 그날에 대한 표본으로 교회 안에서 진행되는 담임목사 청빙 과정과 절차는, 진리로 묘사된 대로 그리고 보편타당성과 공정성의 진실함으로 도모되어야 한다.

종교개혁가들은 목회자 청빙에 3가지의 기준을 두었다. 첫째는 신학에 준거한 신앙의 도덕적 검증이고, 둘째는 지식과 교양의 검증이며, 셋째는 의회를 통한 사회적 인격 검증이다. 이미 한국사회와 동떨어져서는 생각할 수 없을 만큼 영향을 미치고 있는 한국교회는 이제 교회의 지도자인 담임목사 청빙 문화를 새롭게 하여야 할 시대적 사명감 앞에 서 있다.

한국교회에서 담임목사 청빙으로 인하여 교회가 분열되고 급기야 사회 문제로까지 추락하는 모습을 보면서 아픈 마음으로 하소연한다. 필자의 연구와 대안 제시가 한국교회 담임목사 청빙의 새로운 문화를 조성하는 데 작은 힘이 되기를 바란다.

8.
헤드헌팅 실증 분석 실례

본 연구를 위하여 목회컨설팅연구소에서는 2019년 12월 한 달간 설문조사를 실시하였으며, 설문 응답지 총 131개 중 119개를 분석에 사용하였다.

인구통계분석 결과, 성별에 의한 구성 비율은 남성이 96명(80.7%), 여성이 23명(19.3%)이었고, 연령별은 30대 4명(3.4%), 40대 33명(27.7%), 50대 이상이 82명(68.9%)이었다.

교회에서의 지위별 구성 비율은 담임목사 107명(89.9%), 부목사 10명(8.4%), 강(전)도사 2명(1.7%)이었다. 학력별은 대졸이 4명(3.4%), 대학원(석사) 63명(52.9%), 대학원(박사) 50명(42%), 기타 2명(1.7%)이었다.

끝으로 청빙 경험 횟수별 구성은 1회 45명(37.8%), 2회 41명(34.5%), 3회 9명(7.6%), 4회 이상이 6명(5.0%), 없음이 18명(15.1%)으로 조사되었다.

설문 진행 방식은 전국의 목회자들에게 무작위로 메일 혹은 SNS

로 설문을 보내 회수하였다.

아울러 다음 자료들의 분석 방법은 SPSS 24와 AMOS 22를 사용하였으며, 통계적 방법으로는 요인 분석, 신뢰도 분석, 구조방정식 모형 분석 등을 사용하였다.

설문 양식

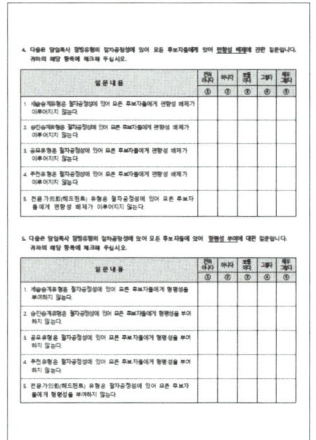

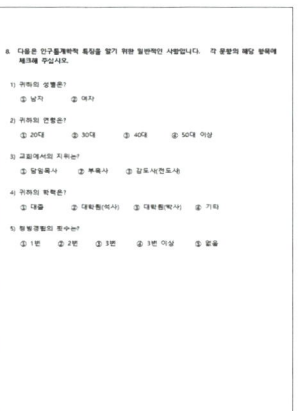

인구통계 구성 비율표

No.	분석 항목	분류	구성(비율)	비고
1	성 별	남자	96(80.7)	
		여자	23(19.3)	
		계	**119(100)**	
2	연 령	30대	4(3.4)	
		40대	33(27.7)	
		50대 이상	82(68.9)	
		계	**119(100)**	
3	교회에서의 지위	담임목사	107(89.9)	
		부목사	10(8.4)	
		강(전)도사	2(1.7)	
		계	**119(100)**	
4	학 력	대졸	4(3.4)	
		대학원(석사)	63(52.9)	
		대학원(박사)	50(42.0)	
		기타	2(1.7)	
		계	**119(100)**	
5	청빙 경험 횟수	1회	45(37.8)	
		2회	41(34.5)	
		3회	9(7.6)	
		4회 이상	6(5.0)	
		없음	18(15.1)	
		계	**119(100)**	

1) 인구통계 분석에 따른 담임목사 청빙 유형 중 절차상 공정하다고 생각되는 순위

성별에 따른 응답

구 분	성별	우선순위						X²(P)
		1순위	2순위	3순위	4순위	5순위	계	
세습 승계 유형은 절차상 공정하다.	남자	1(1.0)	3(3.1)	17(17.7)	6(6.3)	69(71.9)	96(100)	5.435[a]
	여자	–	1(4.3)	–	1(4.3)	21(91.3)	23(100)	(0.245)
승진 승계 유형은 절차상 공정하다.	남자	–	9(9.4)	40(41.7)	29(30.2)	18(18.8)	96(100)	2.151[a]
	여자	–	2(8.7)	9(39.1)	10(43.5)	2(8.7)	23(100)	(0.542)
공모 유형은 절차상 공정하다.	남자	1(1.0)	6(6.3)	32(33.3)	50(52.1)	7(7.3)	96(100)	16.003[a]
	여자	4(17.4)	2(8.7)	10(43.5)	7(30.4)	–	23(100)	(0.003)
추천 유형은 절차상 공정하다.	남자	4(4.2)	75(78.1)	6(6.3)	11(11.5)	–	96(100)	3.854[a]
	여자	–	18(78.3)	0	5(21.7)	–	23(100)	(0.278)
헤드헌트 유형은 절차상 공정하다.	남자	89(92.7)	3(3.1)	2(2.1)	–	2(2.1)	96(100)	6.075[a]
	여자	19(82.6)	1(4.3)	3(13.0)	–	–	23(100)	(0.108)

남성, 여성 목회자를 구분하여 절차 공정성에 따른 우선순위를 살펴보았다. 남성 목회자들은 1순위로 헤드헌팅이 공정하다고 92.7%(89명)가 응답하였고 여성 목회자들도 1순위로 헤드헌팅이 절차상 공정하다고 82.6%(19명)가 응답하였다.

연령에 따른 응답

구 분	연령대	우선순위						X²(P)
		1순위	2순위	3순위	4순위	5순위	계	
세습 승계 유형은 절차상 공정하다.	30대	—	—	—	—	4(100.0)	4(100)	4.182ª (0.840)
	40대	—	1(3.0)	3(9.1)	1(3.0)	28(84.8)	33(100)	
	50대	1(1.2)	3(3.7)	14(17.1)	6(7.3)	58(70.7)	82(100)	
승진 승계 유형은 절차상 공정하다.	30대	—	1(25.0)	3(75.0)	—	—	4(100)	8.477ª (0.205)
	40대	—	4(12.1)	17(51.5)	8(24.2)	4(12.1)	33(100)	
	50대	—	6(7.3)	29(35.4)	31(37.8)	16(19.5)	82(100)	
공모 유형은 절차상 공정하다.	30대	—	—	1(25.0)	3(75.0)	—	4(100)	6.429ª (0.599)
	40대	—	1(3.0)	12(36.4)	19(57.6)	1(3.0)	33(100)	
	50대	5(6.1)	7(8.5)	29(35.4)	35(42.7)	6(7.3)	82(100)	
추천 유형은 절차상 공정하다.	30대	—	3(75.0)	—	1(25.0)	—	4(100)	3.954ª (0.683)
	40대	—	29(87.9)	1(3.0)	3(9.1)	—	33(100)	
	50대	4(4.9)	61(74.4)	5(6.1)	12(14.6)	—	82(100)	
헤드헌트 유형은 절차상 공정하다.	30대	4(100.0)	—	—	—	—	4(100)	4.846ª (0.564)
	40대	32(97.0)	—	—	—	1(3.0)	33(100)	
	50대	72(87.8)	4(4.9)	5(6.1)	—	1(1.2)	82(100)	

'세습 승계 유형'에 대한 30, 40, 50대가 갖는 절차의 공정성에 대한 우선순위는 가장 낮은 5순위였다. 30대는 100%, 40대는 84.8%, 50대는 70.7%가 절차상 공정성이 가장 낮은 유형으로 평가했다.

'승진 승계 유형'은 3순위로 응답했다. 30대는 75%, 40대는 51.5%,

50대는 35.4%가 3순위로 평가했다. '공모 유형'은 4순위였다. 30대는 75%, 40대는 57.6%, 50대는 42.7%로 공모 유형이 4순위로 공정하다고 답했다. '추천 유형'은 2순위에 두었다. 30대는 75%, 40대는 87.9%, 50대는 74.4%로 응답했다. '헤드헌트 유형'은 전체 응답자 중 30대가 100%, 40대는 97%, 50대가 87.8%가 절차상 공정한 1순위에 응답했다. 연령별의 응답 결과 '헤드헌팅 유형'이 절차의 공정성이 가장 높은 것으로 응답했다.

교회에서의 지위에 따른 응답

구 분	교회에서의 지위	우선순위						$X^2(P)$
		1순위	2순위	3순위	4순위	5순위	계	
세습 승계 유형은 절차상 공정하다.	담임목사	–	3(2.8)	16(15.0)	6(5.6)	82(76.6)	107(100)	61.075[a] (0.000)
	부목사	–	1(10.)	1(10.0)	1(10.0)	7(70.0)	10(100)	
	강(전)도사	1(50.0)	–	–	–	1(50.0)	2(100)	
승진 승계 유형은 절차상 공정하다.	담임목사	–	9(8.4)	44(41.1)	38(35.5)	16(15.0)	107(100)	6.607[a] (0.359)
	부목사	–	2(20.0)	4(40.0)	1(10.0)	3(30.0)	10(100)	
	강(전)도사	–	–	1(50.0)	0	1(50.0)	2(100)	
공모 유형은 절차상 공정하다.	담임목사	5(4.7)	8(7.5)	37(34.6)	50(46.7)	7(6.5)	107(100)	2.782[a] (0.947)
	부목사	–	–	4(40.0)	6(60.0)	–	10(100)	
	강(전)도사	–	–	1(50.0)	1(50.0)	–	2(100)	
추천 유형은 절차상 공정하다.	담임목사	4(3.7)	85(79.4)	5(4.7)	13(12.1)	–	107(100)	3.817[a] (0.701)
	부목사	–	7(70.0)	1(10.0)	2(20.0)	–	10(100)	
	강(전)도사	–	1(50.0)	–	1(50.0)	–	2(100)	
헤드헌트 유형은 절차상 공정하다.	담임목사	97(90.7)	3(2.8)	5(4.7)	–	2(1.9)	107(100)	14.623[a] (0.023)
	부목사	10(100.0)	–	–	–	–	10(100)	
	강(전)도사	1(50.0)	1(50.0)	–	–	–	2(100)	

응답자 중 담임목사와 부목사들이 생각하는 청빙 유형에 대한 절차 공정성에 대한 응답으로 세습 유형에 대하여 5순위가 가장 많았다(담임목사 76.6%, 부목사 70%). 승진 유형에 대하여는 3순위가 많았다(담임목사 41.1% 부목사 40%). 공모 유형에 대하여는 4순위가 많았다(담임목사 46.7%, 부목사 60%). 추천 유형에 대하여는 2순위가 많았다(담임목사 79.4%, 부목사 70%). 헤드헌트 유형에 대하여는 1순위로 두어 절차의 공정성이 높은 것으로 응답하였다(담임목사 90.7%, 부목사 100%).

학력에 따른 응답

구 분	학력	우선순위						X²(P)
		1순위	2순위	3순위	4순위	5순위	계	
세습 승계 유형은 절차상 공정하다.	대졸	1(25.0)	1(25.0)	–	–	2(50.0)	4(100)	55.082ª (0.000)
	대학원(석사)	–	–	12(19.0)	2(3.2)	49(77.8)	63(100)	
	대학원(박사)	–	2(4.0)	5(10.0)	5(10.0)	38(76.0)	50(100)	
	기타	–	1(50.0)	–	–	1(50.0)	2(100)	
승진 승계 유형은 절차상 공정하다.	대졸	–	–	2(50.0)	0	2(50.0)	4(100)	9.893ª (0.359)
	대학원(석사)	–	8(12.7)	23(36.5)	21(33.3)	11(17.5)	63(100)	
	대학원(박사)	–	3(6.0)	24(48.0)	17(34.0)	6(12.0)	50(100)	
	기타	–	–	–	1(50.0)	1(50.0)	2(100)	
공모 유형은 절차상 공정하다.	대졸	–	–	1(25.0)	3(75.0)	–	4(100)	5.955ª (0.918)
	대학원(석사)	3(4.8)	4(6.3)	23(36.5)	30(47.6)	3(4.8)	63(100)	
	대학원(박사)	2(4.0)	4(8.0)	16(32.0)	24(48.0)	4(8.0)	50(100)	
	기타	–	–	2(100.0)	–	–	2(100)	
추천 유형은 절차상 공정하다.	대졸	–	2(50.0)	1(25.0)	1(25.0)	–	4(100)	7.217ª (0.615)
	대학원(석사)	2(3.2)	51(81.0)	2(3.2)	8(12.7)	–	63(100)	
	대학원(박사)	2(4.0)	39(78.0)	3(6.0)	6(12.0)	–	50(100)	
	기타	–	1(50.0)	–	1(50.0)	–	2(100)	
헤드헌트 유형은 절차상 공정하다.	대졸	3(75.0)	1(25.0)	–	–	–	4(100)	6.497ª (0.689)
	대학원(석사)	57(90.5)	2(3.2)	3(4.8)	–	1(1.6)	63(100)	
	대학원(박사)	46(92.0)	1(2.0)	2(4.0)	–	1(2.0)	50(100)	
	기타	2(100.0)	–	–	–	–	2(100)	

설문에 응답한 목회자들의 학력에 따라 분석한 결과로 세습 유형에 대한 절차의 공정성에 대한 응답자 중 석사학위 77.8%, 박사학위 76%가 5순위로 응답하였고, 승진 유형은 석사학위 36.5% 박사학위 48%가 3순위로 응답하였다. 공모 유형은 석사학위 75%, 박사학위 47.6%가 4순위로 응답하였다. 추천 유형으로 석사학위 81%, 박사학위 78%가 2순위로 응답하였다. 헤드헌트 유형은 석사학위 90.5%, 박사학위 92%가 1순위로 절차의 공정성이 보장되는 것으로 응답하였다.

청빙 경험 횟수

구 분	청빙 경험 횟수	우선순위						$X^2(P)$
		1순위	2순위	3순위	4순위	5순위	계	
세습 승계 유형은 절차상 공정하다.	1번	1(2.2)	1(2.2)	5(11.1)	1(2.2)	37(82.2)	45(100)	20.312[a] (0.214)
	2번	—	—	6(14.6)	2(4.9)	33(80.5)	41(100)	
	3번	—	1(11.1)	1(11.1)	1(11.1)	6(66.7)	9(100)	
	4번 이상	—	—	1(16.7)	2(33.3)	3(50.0)	6(100)	
	없음	—	2(11.1)	4(22.2)	1(5.6)	11(61.1)	18(100)	
승진 승계 유형은 절차상 공정하다.	1번	—	5(11.1)	17(37.8)	17(37.8)	6(13.3)	45(100)	8.622[a] (0.735)
	2번	—	5(12.2)	19(46.3)	12(29.3)	5(12.2)	41(100)	
	3번	—	0	4(44.4)	2(22.2)	3(33.3)	9(100)	
	4번 이상	—	—	1(16.7)	3(50.0)	2(33.3)	6(100)	
	없음	—	1(5.6)	8(44.4)	5(27.8)	4(22.2)	18(100)	
공모 유형은 절차상 공정하다.	1번	3(6.7)	3(6.7)	16(35.6)	21(46.7)	2(4.4)	45(100)	13.155[a] (0.661)
	2번	1(2.4)	2(4.9)	15(36.6)	21(51.2)	2(4.9)	41(100)	
	3번	—	—	3(33.3)	6(66.7)	—	9(100)	
	4번 이상	—	1(16.7)	4(66.7)	1(16.7)	—	6(100)	
	없음	1(5.6)	2(11.1)	4(22.2)	8(44.4)	3(16.7)	18(100)	
추천 유형은 절차상 공정하다.	1번	—	36(80.0)	4(8.9)	5(11.1)	—	45(100)	14.342[a] (0.279)
	2번	1(2.4)	34(82.9)	—	6(14.6)	—	41(100)	
	3번	1(11.1)	7(77.8)	1(11.1)	—	—	9(100)	
	4번 이상	—	5(83.3)	—	1(16.7)	—	6(100)	
	없음	2(11.1)	11(61.1)	1(5.6)	4(22.2)	—	18(100)	
헤드헌트 유형은 절차상 공정하다.	1번	41(91.1)	1(2.2)	3(6.7)	—	—	45(100)	15.276[a] (0.227)
	2번	38(92.7)	1(2.4)	1(2.4)	—	1(2.4)	41(100)	
	3번	9(100.0)	—	—	—	—	9(100)	
	4번 이상	5(83.3)	—	—	1(16.7)	—	6(100)	
	없음	15(83.3)	2(11.1)	1(5.6)	—	—	18(100)	

설문에 응답한 응답자들의 청빙 경험의 횟수에 따른 절차의 공정성에 대한 결과로 세습 유형은 1회 82.2%, 2회 80.5%, 3회 66.7%, 4회 이상 50%, 경험 없는 목회자 61.6%가 5순위로 응답하였고, 승진 유형은 1회 37.8%, 2회 46.3%, 3회 44.4%, 4회 이상 16.7%, 경험이 없는 목회자 44.4%가 3순위로 응답하였다. 공모 유형은 1회 46.7%, 2회 51.2%, 3회 66.7%, 경험 없는 목회자 44.4%가 4순위로 두었는데 4회 이상 경험을 한 목회자들의 66.7%는 2순위에 응답하였다. 추천 유형은 1회 80%, 2회 82.9%, 3회 77.8%, 4회 이상 83.3%, 경험 없는 목회자 61.1%가 2순위로 응답하였다. 헤드헌트 유형은 1회 91.1%, 2회 92.7%, 3회 100%, 4회 이상 83.3%, 경험 없는 목회자 83.3%가 1순위로 응답하였다. 경험 횟수로 분석한 결과 헤드헌트 유형이 절차의 공정성이 높은 것으로 응답하였다.

2) 담임목사 청빙 유형의 절차 공정성이 모든 후보자들에게 주어지는 객관성 보장에 관한 질문

성별에 따른 응답

구 분	성별	척 도						$X^2(P)$
		전혀 아니다	아니다	보통 이다	그렇다	매우 그렇다	계	
세습 승계 유형은 절차 공정성에 있어 모든 후보자들에게 객관성을 보장하지 않는다.	남자	–	1(1.0)	4(4.2)	12(12.5)	79(82.3)	96(100)	0.246^a (0.970)
	여자	–	–	1(4.3)	3(13.0)	19(82.6)	23(100)	
승진 승계 유형은 절차 공정성에 있어 모든 후보자들에게 객관성을 보장하지 않는다.	남자	–	8(8.3)	9(9.4)	34(35.4)	45(46.9)	96(100)	1.377^a (0.711)
	여자	–	2(8.7)	2(8.7)	11(47.8)	8(34.8)	23(100)	
공모 유형은 절차 공정성에 있어 모든 후보자들에게 객관성을 보장하지 않는다.	남자	11(11.5)	28(29.2)	44(45.8)	12(12.5)	1(1.0)	96(100)	9.590^a (0.048)
	여자	–	3(13.0)	12(52.2)	7(30.4)	1(4.3)	23(100)	
추천 유형은 절차 공정성에 있어 모든 후보자들에게 객관성을 보장하지 않는다.	남자	2(2.1)	21(21.9)	26(27.1)	39(40.6)	8(8.3)	96(100)	1.227^a (0.874)
	여자	–	7(30.4)	6(26.1)	8(34.8)	2(8.7)	23(100)	
헤드헌트 유형은 절차 공정성에 있어 모든 후보자들에게 객관성을 보장하지 않는다.	남자	54(56.3)	30(31.3)	8(8.3)	4(4.2)	–	96(100)	4.410^a (0.220)
	여자	12(52.2)	11(47.8)	–	–	–	23(100)	

세습 승계 유형에 대하여 남성 94.8%, 여성 95.6%가 객관성이 보장되지 않는다고 보는 것으로 나타났다. 승진 승계 유형은 객관성이 보장되지 않는다고 하는 질문에 남성 82.3%, 여성 82.6%으로 응답하였지만 일부 각 17.7%, 17.4%는 객관성이 다소 있는 것으로 응답

하였다.

한국교회에서 가장 많이 시행하는 유형인 공모 유형은 남성의 경우 보통 45.8%, 객관성 보장이 40.7%로 응답하였고, 여성의 경우 보통 52.2%, 객관성 보장이 13%로 나타났다.

추천 유형의 경우 남성은 보통 27.1%, 객관성 보장이 24%로 나타났다. 여성은 보통 26.1%, 객관성 보장이 30.4%로 응답하였다.

헤드헌트 유형은 남성의 경우 87.6% 객관성이 보장되는 것으로, 여성의 경우 100%로 응답하였다.

5가지 유형으로 공정성을 비교하면 헤드헌트 유형, 공모 유형, 그리고 추천 유형순으로 나타났다.

연령에 따른 응답

구 분	연령대	척도 전혀 아니다	아니다	보통이다	그렇다	매우 그렇다	계	$X^2(P)$
세습 승계 유형은 절차 공정성에 있어 모든 후보자들에게 객관성을 보장하지 않는다.	30대	-	-	-	-	4(100)	4(100)	3.629[a] (0.727)
	40대	-	-	2(6.1)	2(6.1)	29(87.9)	33(100)	
	50대	-	1(1.2)	3(3.7)	13(15.9)	65(79.3)	82(100)	
승진 승계 유형은 절차 공정성에 있어 모든 후보자들에게 객관성을 보장하지 않는다.	30대	-	1(25.0)	-	2(50.0)	1(25.0)	4(100)	7.536[a] (0.274)
	40대	-	3(9.1)	2(6.1)	8(24.2)	20(60.6)	33(100)	
	50대	-	6(7.3)	9(11.0)	35(42.7)	32(39.0)	82(100)	
공모 유형은 절차 공정성에 있어 모든 후보자들에게 객관성을 보장하지 않는다.	30대	-					4(100)	4.021[a] (0.855)
	40대	3(9.1)	8(24.2)	18(54.5)	4(12.1)	-	33(100)	
	50대	8(9.8)	21(25.6)	36(43.9)	15(18.3)	2(2.4)	82(100)	
추천 유형은 절차 공정성에 있어 모든 후보자들에게 객관성을 보장하지 않는다.	30대	-	-	2(50.0)	1(25.0)	1(25.0)	4(100)	7.186[a] (0.517)
	40대	-	7(21.2)	6(18.2)	17(51.5)	3(9.1)	33(100)	
	50대	2(2.4)	21(25.6)	24(29.3)	29(35.4)	6(7.3)	82(100)	
헤드헌트 유형은 절차 공정성에 있어 모든 후보자들에게 객관성을 보장하지 않는다.	30대	4(100.0)	-	-	-	-	4(100)	6.218[a] (0.399)
	40대	21(63.6)	10(30.3)	2(6.1)	-	-	33(100)	
	50대	41(50.0)	31(37.8)	6(7.3)	4(4.9)	-	82(100)	

연령에 따른 설문 분석에서 30대는 응답자가 소수 인원이기에 40, 50대를 중심으로 살펴보면, 세습 승계 유형에 대하여 40대는 객관성 보장이 안 된다 94%, 50대는 95.2%, 승진 승계 유형에 대하여 객관성 보장이 안 된다 40대 84.8%, 50대 81.7%, 공모 유형에 대하여 객

관성이 보장된다 40대 33.3%, 50대 35.4%, 추천 유형에 대하여 객관성이 보장된다 40대 21.2%, 50대 28%, 헤드헌트 유형에 대하여 객관성이 보장된다 40대 93.9%, 50대 87.8%로 나타났다.

교회에서의 지위에 따른 응답

구 분	교회에서의 지위	척 도						X²(P)
		전혀 아니다	아니다	보통 이다	그렇다	매우 그렇다	계	
세습 승계 유형은 절차 공정성에 있어 모든 후보자들에게 객관성을 보장하지 않는다.	담임목사	–	1(0.9)	5(4.7)	14(13.1)	87(81.3)	107(100)	1.159ª (0.979)
	부목사	–	–	–	1(10.0)	9(90.0)	10(100)	
	강(전)도사	–	–	–	–	2(100.0)	2(100)	
승진 승계 유형은 절차 공정성에 있어 모든 후보자들에게 객관성을 보장하지 않는다.	담임목사	–	8(7.5)	10(9.3)	39(36.4)	50(46.7)	107(100)	4.075ª (0.667)
	부목사	–	2(20.0)	1(10.0)	5(50.0)	1(20.0)	10(100)	
	강(전)도사	–	–	–	1(50.0)	1(50.0)	2(100)	
공모 유형은 절차 공정성에 있어 모든 후보자들에게 객관성을 보장하지 않는다.	담임목사	11(10.3)	25(23.4)	52(48.6)	17(15.9)	2(1.9)	107(100)	8.222ª (0.412)
	부목사	–	4(40.0)	4(40.0)	2(20.0)	–	10(100)	
	강(전)도사	–	2(100.0)	–	–	–	2(100)	
추천 유형은 절차 공정성에 있어 모든 후보자들에게 객관성을 보장하지 않는다.	담임목사	2(1.9)	27(25.2)	28(26.2)	42(39.3)	8(7.5)	107(100)	9.831ª (0.277)
	부목사	–	–	4(40.0)	5(50.0)	1(10.0)	10(100)	
	강(전)도사	–	1(50.0)	–	–	1(50.0)	2(100)	
헤드헌트 유형은 절차 공정성에 있어 모든 후보자들에게 객관성을 보장하지 않는다.	담임목사	58(54.2)	39(36.4)	6(5.6)	4(3.7)	–	107(100)	5.825ª (0.443)
	부목사	7(70.0)	1(10.0)	2(20.0)	–	–	10(100)	
	강(전)도사	1(50.0)	1(50.0)	–	–	–	2(100)	

청빙 유형에 대한 객관성 보장에 대한 교회 지위별 응답 분석 결과를 살펴보면, 세습 승계에 대하여 담임목사는 94.4%, 부목사는 100% 객관성이 보장되지 않는다고 응답하였고, 승진 승계 유형에 대하여 담임목사는 83.1%, 부목사 70%로 객관성이 보장되지 않는다고 응답하였다. 공모 유형에 대하여 담임목사는 48.6%가 보통이며, 33.7%로 객관성이 보장된다고 응답하였고, 부목사는 40%가 보통이며, 40%가 객관성이 보장된다고 응답하였다.

추천 유형에 대하여 담임목사 26.2%가 보통이며, 27.1%가 객관성이 보장된다고 응답하였고, 부목사는 40%가 보통이며 객관성이 보장된다고 응답한 사람은 0%였다. 이는 추천 유형에 대하여 해당되는 부목사 그룹에서 절차의 공정성에 대하여 객관성이 없다고 생각하는 것으로 추정할 수 있다.

반면 헤드헌트 유형에 대하여 담임목사는 보통이 5.6%, 객관성이 보장된다고 응답한 비율은 90.6%였고 부목사의 경우 보통이 20%, 객관성이 보장된다고 응답한 비율이 80%였다.

학력에 따른 응답

구 분	학력	척 도						$X^2(P)$
		전혀 아니다	아니다	보통 이다	그렇다	매우 그렇다	계	
세습 승계 유형은 절차 공정성에 있어 모든 후보자들에게 객관성을 보장하지 않는다.	대졸	-	-	-	1(25.0)	3(75.0)	4(100)	9.033ª (0.434)
	대학원(석사)	-	-	5(7.9)	7(11.1)	51(81.0)	63(100)	
	대학원(박사)	-	1(2.0)	-	6(12.0)	43(86.0)	50(100)	
	기타	-	-	-	1(50.0)	1(50.0)	2(100)	
승진 승계 유형은 절차 공정성에 있어 모든 후보자들에게 객관성을 보장하지 않는다.	대졸	-	1(25.0)	-	2(50.0)	1(25.0)	4(100)	14.437ª (0.108)
	대학원(석사)	-	5(7.9)	7(11.1)	26(41.3)	25(39.7)	63(100)	
	대학원(박사)	-	3(6.0)	3(6.0)	17(34.0)	27(54.0)	50(100)	
	기타	-	1(50.0)	1(50.0)	-	-	2(100)	
공모 유형은 절차 공정성에 있어 모든 후보자들에게 객관성을 보장하지 않는다.	대졸	-	3(75.0)	1(25.0)	-	-	4(100)	13.683ª (0.321)
	대학원(석사)	9(14.3)	14(22.2)	30(47.6)	10(15.9)	-	63(100)	
	대학원(박사)	2(4.0)	14(28.0)	24(48.0)	8(16.0)	2(4.0)	50(100)	
	기타	-	-	1(50.0)	1(50.0)	-	2(100)	
추천 유형은 절차 공정성에 있어 모든 후보자들에게 객관성을 보장하지 않는다.	대졸	-	2(50.0)	1(25.0)	-	1(25.0)	4(100)	12.120ª (0.436)
	대학원(석사)	-	17(27.0)	19(30.2)	23(36.5)	4(6.3)	63(100)	
	대학원(박사)	2(4.0)	9(18.0)	12(24.0)	22(44.0)	5(10.0)	50(100)	
	기타	-	-	-	2(100.0)	-	2(100)	
헤드헌트 유형은 절차 공정성에 있어 모든 후보자들에게 객관성을 보장하지 않는다.	대졸	1(25.0)	2(50.0)	1(25.0)	-	-	4(100)	11.539ª (0.241)
	대학원(석사)	38(60.3)	20(31.7)	5(7.9)	-	-	63(100)	
	대학원(박사)	25(50.0)	19(38.0)	2(4.0)	4(8.0)	-	50(100)	
	기타	2(100.0)	-	-	-	-	2(100)	

청빙 유형에 대한 객관성 보장에 대하여 학력별 응답 분석 결과를 살펴보면, 세습 승계 유형의 객관성 보장에 대하여 석사학위 소지자는 92.1%, 박사 학위 소지자는 98%가 객관성 보장이 되지 않는다고 응답하였고, 승진 승계 유형에 대하여 석사학위 소지자는 81%, 박사학위 소지자는 88%에서 객관성이 보장되지 않는다고 응답하였다.

공모 유형에 대하여 석사학위 소지자는 47.6%가 보통이며 36.5%가 객관성이 보장된다고 응답하였다. 박사학위 소지자는 48%가 보통이며 32%가 객관성이 보장된다고 응답하였다.

추천 유형에 대하여 석사학위 소지자는 30.2%가 보통이며 27% 객관성이 보장된다고 응답하였다.

헤드헌트 유형에 대하여는 석사학위 소지자 7.9%가 보통이며 92%가 객관성이 보장된다고 하였고, 박사학위 소지자의 4%가 보통이며 88%는 객관성이 보장된다고 응답하였다.

청빙 경험 횟수에 따른 응답

구 분	청빙 경험 횟수	척도					$X^2(P)$
		전혀 아니다	아니다	보통 이다	그렇다	매우 그렇다	계	
세습 승계 유형은 절차 공정성에 있어 모든 후보자들에게 객관성을 보장하지 않는다.	1회	-	-	2(4.4)	5(11.1)	38(84.4)	45(100)	23.296[a] (0.025)
	2회	-	-	1(2.4)	2(4.9)	38(92.7)	41(100)	
	3회	-	-	-	-	9(100.0)	9(100)	
	4회 이상	-	-	-	2(33.3)	4(66.7)	6(100)	
	없음	-	1(5.6)	2(11.1)	6(33.3)	9(50.0)	18(100)	
승진 승계 유형은 절차 공정성에 있어 모든 후보자들에게 객관성을 보장하지 않는다.	1회	-	4(8.9)	4(8.9)	16(35.6)	21(46.7)	45(100)	20.312[a] (0.061)
	2회	-	1(2.4)	3(7.3)	19(46.3)	18(43.9)	41(100)	
	3회	-	1(11.1)	-	-	8(88.9)	9(100)	
	4회 이상	-	1(16.7)	-	2(33.3)	3(50.0)	6(100)	
	없음	-	3(16.7)	4(22.2)	8(44.4)	3(16.7)	18(100)	
공모 유형은 절차 공정성에 있어 모든 후보자들에게 객관성을 보장하지 않는다.	1회	2(4.4)	10(22.2)	23(51.1)	10(22.2)	-	45(100)	24.250[a] (0.084)
	2회	4(9.8)	9(22.0)	22(53.7)	4(9.8)	2(4.9)	41(100)	
	3회	1(11.1)	1(11.1)	4(44.4)	3(33.3)	-	9(100)	
	4회 이상	2(33.3)	1(16.7)	3(50.0)	-	-	6(100)	
	없음	2(11.1)	10(55.6)	4(22.2)	2(11.1)	-	18(100)	
추천 유형은 절차 공정성에 있어 모든 후보자들에게 객관성을 보장하지 않는다.	1회	1(2.2)	8(17.8)	15(33.3)	20(44.4)	1(2.2)	45(100)	23.697[a] (0.096)
	2회	-	9(22.0)	8(19.5)	18(43.9)	6(14.6)	41(100)	
	3회	-	2(22.2)	3(33.3)	4(44.4)	-	9(100)	
	4회 이상	1(16.7)	3(50.0)	1(16.7)	1(16.7)	-	6(100)	
	없음	-	6(33.3)	5(27.8)	4(22.2)	3(16.7)	18(100)	
헤드헌트 유형은 절차 공정성에 있어 모든 후보자들에게 객관성을 보장하지 않는다.	1회	23(51.1)	18(40.0)	4(8.9)	-	-	45(100)	14.023[a] (0.299)
	2회	24(58.5)	14(34.1)	2(4.9)	1(2.4)	-	41(100)	
	3회	4(44.4)	4(44.4)	1(11.1)	0	-	9(100)	
	4회 이상	3(50.0)	1(16.7)	1(16.7)	1(16.7)	-	6(100)	
	없음	12(66.7)	4(22.2)	-	2(11.1)	-	18(100)	

청빙 유형에 대한 객관성 보장에 대하여 청빙 횟수의 경험에 따라 어떻게 생각하는가를 설문하였는데, 1, 2회 경험을 한 목회자에 한하여 분석 결과를 보면 다음과 같다.

세습 승계 유형의 객관성 보장에 대하여 1회 경험자는 95.5%, 2회 경험자는 97.6%가 객관성 보장이 되지 않는다고 응답하였고, 승진 승계 유형에 대하여 1회 경험자는 82.3%, 2회 경험자는 90.2%가 객관성 보장이 되지 않는다고 응답하였다. 공모 유형에 대하여 1회 경험자는 보통에 51.1%, 객관성이 보장된다에 26.6%, 2회 경험자는 보통에 53.7%, 객관성이 보장된다에 31.8%, 추천 유형에 대하여 1회 경험자는 보통에 33.3%, 객관성이 보장된다에 20%, 2회 경험자는 보통에 19.5%, 객관성이 보장된다에 22%로 나타나 청빙 경험 횟수가 높을수록(3회 경험자 보통 33.3%, 객관성 보장 22.2%에 불과하게 나타났다) 추천 유형의 객관성이 결여됨을 인지하고 있음을 확인하였다.

반면 헤드헌트 유형에 대하여 1회 경험자는 91.1%, 2회 경험자는 92.6%가 객관성이 보장되는 것으로 응답하였다.

3) 담임목사 청빙에 있어 절차 공정성이 갖는 유익성에 관한 질문

성별에 따른 응답

구 분	성별	척 도						X²(P)
		전혀 아니다	아니다	보통 이다	그렇다	매우 그렇다	계	
담임목사 청빙의 절차 공정성은 청빙 받는 목회자의 정서 몰입(교회의 목표를 수용하고 교회 공동체에 애정과 의욕을 갖고 노력하려는 정도)에 유익하다.	남자	—	2(2.1)	5(5.2)	27(28.1)	62(64.6)	96(100)	1.948ª (0.583)
	여자	—	—	—	6(26.1)	17(73.9)	23(100)	
담임목사 청빙의 절차 공정성은 청빙 받는 목회자의 조직시민행동(공동체에 긍정적 리더십을 발휘하게 됨)에 유익하다.	남자	—	1(1.0)	4(4.2)	33(34.4)	58(60.4)	96(100)	2.887ª (0.409)
	여자	—	—	1(4.3)	4(17.4)	18(78.3)	23(100)	
담임목사 청빙의 절차 공정성은 청빙 받는 목회자의 직무 열의(사역에 열정적 헌신)에 유익하다.	남자	—	—	6(6.3)	31(32.3)	59(61.5)	96(100)	2.118ª (0.347)
	여자	—	—	—	6(26.1)	17(73.9)	23(100)	
담임목사 청빙의 절차 공정성은 청빙 받는 목회자의 목회 몰입(교회 성장)에 유익하다.	남자	—	1(1.0)	8(8.3)	22(22.9)	65(67.7)	96(100)	3.210ª (0.360)
	여자	—	—	—	8(34.8)	15(65.2)	23(100)	

담임목사 청빙 절차의 공정성이 교회에 어떤 유익성이 있는지 설문조사를 하였는데 그 결과는 다음과 같다.

우선, 성별에 따라 응답한 결과이다. 청빙의 절차 공정성이 목회자의 정서 몰입에 유익한가의 설문에 남성 64.6% 매우 그렇다, 28.1% 그렇다고 응답하였고, 여성은 73.9%가 매우 그렇다, 26.1%가 그렇다고 응답하였다. 청빙의 절차 공정성이 목회자의 조직시민행동에 유익한가의 설문에 남성 60.4%가 매우 그렇다, 34.4%가 그렇다, 여성은 78.3%가 매우 그렇다, 17.4%가 그렇다고 응답하였다. 청빙의 절차 공정성이 목회자의 직무열의에 유익한가의 설문에 남성 61.5%가 매우 그렇다, 32.3%가 그렇다, 여성은 73.9%가 매우 그렇다, 26.1%가 그렇다고 응답하였다. 청빙의 절차 공정성이 목회자의 목회 몰입에 유익한가의 설문에 남성 67.7%가 매우 그렇다, 22.9%가 그렇다, 여성은 65.2%가 매우 그렇다, 34.8%가 그렇다고 응답하였다.

연령에 따른 응답

구 분	연령대	척도					X^2(P)
		전혀 아니다	아니다	보통이다	그렇다	매우 그렇다	계	
담임목사 청빙의 절차 공정성은 청빙 받는 목회자의 정서 몰입(교회의 목표를 수용하고 교회 공동체에 애정과 의욕을 갖고 노력하려는 정도)에 유익하다.	30대	-	-	-	1(25.0)	3(75.0)	4(100)	2.494ª (0.869)
	40대	-	-	2(6.1)	7(21.2)	24(72.7)	33(100)	
	50대	-	2(2.4)	3(3.7)	25(30.5)	52(63.4)	82(100)	
담임목사 청빙의 절차 공정성은 청빙 받는 목회자의 조직시민행동(공동체에 긍정적 리더십을 발휘하게 됨)에 유익하다.	30대	-	-	2(50.0)	-	2(50.0)	4(100)	26.135ª (0.000)
	40대	-	-	2(6.1)	7(21.2)	24(72.7)	33(100)	
	50대	-	1(1.2)	1(1.2)	30(36.6)	50(61.0)	82(100)	
담임목사 청빙의 절차 공정성은 청빙 받는 목회자의 직무 열의(사역에 열정적 헌신)에 유익하다.	30대	-	-	-	-	4(100)	4(100)	5.940ª (0.204)
	40대	-	-	-	9(27.3)	24(72.7)	33(100)	
	50대	-	-	6(7.3)	28(34.1)	48(58.5)	82(100)	
담임목사 청빙의 절차 공정성은 청빙 받는 목회자의 목회 몰입(교회 성장)에 유익하다.	30대	-	-	-	-	4(100)	4(100)	5.795ª (0.447)
	40대	-	-	2(6.1)	5(15.1)	26(78.8)	33(100)	
	50대	-	1(1.2)	6(7.3)	25(30.5)	50(61.0)	82(100)	

그다음 연령에 따라 응답한 결과이다. 청빙의 절차 공정성이 목회자의 정서 몰입에 유익한가의 설문에 40대는 72.7%가 매우 그렇다, 21.2%가 그렇다, 50대는 63.4%가 매우 그렇다고 응답하였고, 청빙의 절차 공정성이 목회자의 조직시민행동에 유익한가의 설문에

40대는 72.7%가 매우 그렇다, 21.1%가 그렇다, 50대는 61%가 매우 그렇다, 36.6가 그렇다고 응답하였다. 청빙의 절차 공정성이 목회자의 직무 열의에 유익한가의 설문에 40대는 72.7%가 매우 그렇다, 27.3%가 그렇다, 50대는 58.5%가 매우 그렇다, 34.1%가 그렇다고 응답하였고, 청빙의 절차 공정성이 목회자의 목회 몰입에 유익한가의 설문에 40대는 78.8%가 매우 그렇다, 15.1%가 그렇다, 50대는 61%가 매우 그렇다, 30.5%가 그렇다고 응답하였다.

교회에서의 지위에 따른 응답

구 분	교회에서의 지위	척도 전혀 아니다	아니다	보통이다	그렇다	매우 그렇다	계	X²(P)
담임목사 청빙의 절차 공정성은 청빙 받는 목회자의 정서 몰입(교회의 목표를 수용하고 교회 공동체에 애정과 의욕을 갖고 노력하려는 정도)에 유익하다.	담임목사	-	2(1.9)	4(3.7)	30(28.0)	71(66.4)	107(100)	1.841ª (0.934)
	부목사	-	-	1(10.0)	2(20.0)	7(70.0)	10(100)	
	강(전)도사	-	-	-	1(50.0)	1(50.0)	2(100)	
담임목사 청빙의 절차 공정성은 청빙 받는 목회자의 조직시민행동(공동체에 긍정적 리더십을 발휘하게 됨)에 유익하다.	담임목사	-	1(0.9)	2(1.9)	34(31.8)	70(65.4)	107(100)	18.465ª (0.005)
	부목사	-	-	3(30.0)	2(20.0)	5(50.0)	10(100)	
	강(전)도사	-	-	-	1(50.0)	1(50.0)	2(100)	
담임목사 청빙의 절차 공정성은 청빙 받는 목회자의 직무 열의(사역에 열정적 헌신)에 유익하다.	담임목사	-	-	5(4.7)	34(31.8)	68(63.6)	107(100)	1.380ª (0.848)
	부목사	-	-	1(10.0)	1(20.0)	7(70.0)	10(100)	
	강(전)도사	-	-	-	1(50.0)	1(50.0)	2(100)	
담임목사 청빙의 절차 공정성은 청빙 받는 목회자의 목회 몰입(교회 성장)에 유익하다.	담임목사	-	1(0.9)	6(5.6)	29(27.1)	71(66.4)	107(100)	6.570ª (0.362)
	부목사	-	-	2(20.0)	-	8(80.0)	10(100)	
	강(전)도사	-	-	-	1(50.0)	1(50.0)	2(100)	

교회 지위에 따라 청빙의 절차 공정성이 목회자의 정서 몰입에 유익한가의 설문에 담임목사는 66.4%가 매우 그렇다, 28%가 그렇다, 부목사 70%가 매우 그렇다, 20%가 그렇다고 응답하였다. 청빙의 절

차 공정성이 목회자의 조직시민행동에 유익한가의 설문에 담임목사는 65.4%가 매우 그렇다, 31.8%가 그렇다, 부목사는 50%가 매우 그렇다, 20%가 그렇다고 반응하였다. 청빙의 절차 공정성이 목회자의 직무 열의에 유익한가의 설문에 담임목사 63.3%가 매우 그렇다, 31.8%가 그렇다, 부목사 70%가 매우 그렇다, 20%가 그렇다고 응답하였다. 청빙의 절차 공정성이 목회자의 목회 몰입에 유익한가의 설문에 담임목사 66.4%가 매우 그렇다, 27.1%가 그렇다, 부목사 80%가 매우 그렇다, 20%가 보통이다로 응답하였다.

학력에 따른 응답

구 분	학력	척 도						$X^2(P)$
		전혀 아니다	아니다	보통 이다	그렇다	매우 그렇다	계	
담임목사 청빙의 절차 공정성은 청빙 받는 목회자의 정서 몰입(교회의 목표를 수용하고 교회 공동체에 애정과 의욕을 갖고 노력하려는 정도)에 유익하다.	대졸	–	–	–	2(50.0)	2(50.0)	4(100)	1.841[a] (0.994)
	대학원(석사)	–	1(1.6)	3(4.8)	17(27.0)	42(66.7)	63(100)	
	대학원(박사)	–	1(2.0)	2(4.0)	13(26.0)	34(68.0)	50(100)	
	기타	–	–	–	1(50.0)	1(50.0)	2(100)	
담임목사 청빙의 절차 공정성은 청빙 받는 목회자의 조직 시민행동(공동체에 긍정적 리더십을 발휘하게 됨)에 유익하다.	대졸	–	–	–	3(75.0)	1(25.0)	4(100)	16.959[a] (0.049)
	대학원(석사)	–	–	3(4.8)	17(27.0)	43(68.3)	63(100)	
	대학원(박사)	–	1(2.0)	1(2.0)	17(34.0)	31(62.0)	50(100)	
	기타	–	–	1(50.0)	–	1(50.0)	2(100)	
담임목사 청빙의 절차 공정성은 청빙 받는 목회자의 직무 열의(사역에 열정적 헌신)에 유익하다.	대졸	–	–	–	3(75.0)	1(25.0)	4(100)	4.341[a] (0.631)
	대학원(석사)	–	–	3(4.8)	19(30.2)	41(65.1)	63(100)	
	대학원(박사)	–	–	3(6.0)	14(28.0)	33(66.0)	50(100)	
	기타	–	–	–	1(50.0)	1(50.0)	2(100)	
담임목사 청빙의 절차 공정성은 청빙 받는 목회자의 목회 몰입(교회 성장)에 유익하다.	대졸	–	–	–	3(75.0)	1(25.0)	4(100)	12.945[a] (0.165)
	대학원(석사)	–	1(1.6)	3(4.8)	15(23.8)	44(69.8)	63(100)	
	대학원(박사)	–	–	4(8.0)	12(24.0)	34(68.0)	50(100)	
	기타	–	–	1(50.0)	–	1(50.0)	2(100)	

학력에 따라 청빙의 절차 공정성이 목회자의 정서 몰입에 유익한 가의 설문에 석사학위 소지자 66.7%가 매우 그렇다, 27%가 그렇다고 응답하였고, 박사학위 소지자 68%가 매우 그렇다, 26%가 그렇다

고 하였다. 청빙의 절차 공정성이 목회자의 조직시민행동에 유익한가의 설문에 석사학위 소지자 68.3%가 매우 그렇다, 27%가 그렇다고 응답하였고, 박사학위 소지자 62%가 매우 그렇다, 34%가 그렇다고 응답하였다. 청빙의 절차 공정성이 목회자의 직무 열의에 유익한가의 설문에 석사학위 소지자 65.1%가 매우 그렇다, 30.2%가 그렇다, 박사학위 소지자 66%가 매우 그렇다, 28%가 그렇다고 응답하였다. 청빙의 절차 공정성이 목회자의 목회 몰입에 유익한가의 설문에 석사학위 소지자 69.8%가 매우 그렇다, 23.8%가 그렇다, 박사학위 소지자 68%가 매우 그렇다, 24%가 그렇다고 응답하였다.

청빙 경험 횟수에 따른 응답

구 분	청빙경험횟수	척도					$X^2(P)$
		전혀 아니다	아니다	보통이다	그렇다	매우 그렇다	계	
담임목사 청빙의 절차 공정성은 청빙 받는 목회자의 정서 몰입(교회의 목표를 수용하고 교회 공동체에 애정과 의욕을 갖고 노력하려는 정도)에 유익하다.	1회	–	–	3(6.7)	11(24.4)	31(68.9)	45(100)	12.480^a (0.408)
	2회	–	1(2.4)	–	13(31.7)	27(65.9)	41(100)	
	3회	–	–	–	1(11.1)	8(88.9)	9(100)	
	4회 이상	–	–	–	1(16.7)	5(83.3)	6(100)	
	없음	–	1(5.6)	2(11.1)	7(38.9)	8(44.4)	18(100)	
담임목사 청빙의 절차 공정성은 청빙 받는 목회자의 조직시민행동(공동체에 긍정적 리더십을 발휘하게 됨)에 유익하다.	1회	–	–	4(8.9)	11(24.4)	30(66.7)	45(100)	13.190^a (0.355)
	2회	–	1(2.4)	–	11(26.8)	29(70.7)	41(100)	
	3회	–	–	–	3(33.3)	6(66.7)	9(100)	
	4회 이상	–	–	–	2(33.3)	4(66.7)	6(100)	
	없음	–	–	1(5.6)	10(55.6)	7(38.9)	18(100)	
담임목사 청빙의 절차 공정성은 청빙 받는 목회자의 직무열의(사역에 열정적 헌신)에 유익하다.	1회	–	–	2(4.4)	14(31.1)	29(64.4)	45(100)	7.636^a (0.470)
	2회	–	–	2(4.9)	9(22.0)	30(73.2)	41(100)	
	3회	–	–	–	3(33.3)	6(66.7)	9(100)	
	4회 이상	–	–	–	2(33.3)	4(66.7)	6(100)	
	없음	–	–	2(11.1)	9(50.0)	7(38.9)	18(100)	
담임목사 청빙의 절차 공정성은 청빙 받는 목회자의 목회 몰입(교회 성장)에 유익하다.	1회	–	–	3(6.7)	10(22.2)	32(71.1)	45(100)	14.433^a (0.274)
	2회	–	–	2(4.9)	8(19.5)	31(75.6)	41(100)	
	3회	–	–	–	2(22.2)	7(77.8)	9(100)	
	4회 이상	–	–	1(16.7)	2(33.3)	3(50.0)	6(100)	
	없음	–	1(5.6)	2(11.1)	8(44.4)	7(38.9)	18(100)	

그다음은 청빙 경험 횟수에 따라 청빙의 절차 공정성이 목회자의 정서 몰입에 유익한가의 설문에 1회 경험자 68.9%가 매우 그렇다, 24.4%가 그렇다 응답하였고, 2회 경험자 65.9%가 매우 그렇다, 31.7%가 그렇다고 응답하였다. 청빙의 절차 공정성이 목회자의 조직시민행동에 유익한가의 설문에 1회 경험자 66.7%가 매우 그렇다, 24.4%가 그렇다고 응답하였고, 2회 경험자 70.7%가 매우 그렇다, 26.8%가 그렇다고 응답하였다. 청빙의 절차 공정성이 목회자의 직무 열의에 유익한가의 설문에 1회 경험자 64.4%가 매우 그렇다, 31.1%가 그렇다 응답하였고, 2회 경험자 73.2%가 매우 그렇다, 22%가 그렇다고 응답하였다. 청빙의 절차 공정성이 목회자의 목회 몰입에 유익한가의 설문에 1회 경험자 71.1%가 매우 그렇다, 22.2%가 그렇다 응답하였고, 2회 경험자 75.6%가 매우 그렇다, 19.5%가 그렇다고 응답하였다.

정주채 목사의 "진정한 청빙이란 무엇인가?"의 이야기를 옮기며 이 장을 마무리하려 한다.[16]

---

16) 기독교대한성결교회 활천지 605권 4호, 2004년 4월호(Vol.605, No.4, 12.).

어느 교회 임시당회장으로 있던 때의 이야기다. 교회가 담임목사 청빙을 위해 사방팔방으로 목사들을 알아보고 있을 때였는데, 하루는 장로들이 모여 목사들이 스스로를 천거하며 제출한 이력서들을 펴놓고 자유롭게 이야기를 나누고 있었다. "이분은 이력서도 쓸 줄 모르는 것 같아." "하아, 이분은 경력이 화려하구만. 경력이 화려한 사람치고 제대로 일 잘하는 사람 드물지, 안 그래?" "이분은 내가 잘 아는 목사님을 통해 자기를 좀 잘 소개해 달라고 몇 번이나 부탁을 했다더군."

나는 그 자리에 앉아 있기가 참으로 민망했다. 사실 그 교회는 담임목사를 청빙한다고 어떤 광고를 낸 일이 없었다. 그런데도 이력서가 20통이 가까이 들어왔다. 목사들이 일자리(job)를 구하는 사람들처럼 행동하여 스스로 청빙의 무게를 추락시키고 있다.

나가는 말

 목회는 모이게 하시고 맡기신 자들과 함께 하나님의 뜻을 이루어 가는 것이다. 그렇기에 담임목사 청빙은 하나님의 역사하심을 기대하고 바라며 이루심을 맛보는 거룩한 사역이며, 모든 교인들은 이를 통해 하나님이 원하시는 교회로 한 발 더 전진된 교회를 체화하며, 믿음의 발전을 도모할 수 있는 굉장히 소중한 기회가 될 수 있다.

이제 한국교회는 교회 안의 울타리를 넘어서 세상과 이어질 수 있어야 한다. 여전히 한국교회는 성장 잠재력이 있다. 과거와 같은 양적 성장은 기대할 수 없을지라도, 교회의 본질과 정체성에 관하여 대사회적 인식 속에 공정하게 세워져 간다면 질적 성장의 시대를 새롭게 열 수 있다.

영적 지도자의 이미지가 개선되고 사회적 존중을 받기 위해서는 최근 반사회적 정서를 야기한 담임목사 청빙에 대한 심도 있는 논의가 이루어져야만 한다. 또한 청빙에 대한 실천적 대안을 지속적으로 연구하고 보다 나은 청빙 절차의 공정성을 도모해야 한다.

청빙 절차는 개체 교회마다 교회 정체성에 부합된 목사를 선택하기 위한 일련의 과정이어야 한다. 이와 같은 교회 본질적인 요소들의 검증이 중요한 만큼 그 과정의 절차가 역시 공정하고 투명해야 한다. 그렇지 않으면 사회적인 비난, 세상으로부터의 질타에서 자유로울 수 없다. 공정성은 진실성, 타당성, 일관성, 객관성, 전문성을 내포하고 있으므로 담임목사 청빙 절차의 공정성은 반드시 보장되어야 한다.

목회자 청빙은 절대로 갑과 을의 관계가 될 수 없다. 새로운 교회에 부임한 후, 영적 지도자의 교회 몰입도 또한 이 절차 공정성에 의지할 수밖에 없다. 하나님 앞에, 그 어떤 사람 앞에 부끄럼 없이 공정한 평가와 절차로 부임된 후임 목회자는 건강한 리더십으로 목양에 몰입할 수 있고, 궁극적으로 교회의 성숙과 성장의 결과로 이어질 수밖에 없다. 교회의 성장 둔화라는 늪을 벗어나기 위해서는 담임목사 청빙 제도의 갱신과 목회의 변혁이 필수이다.

이제 담임목사 청빙 문화의 변화를 위해, 첫 삽을 들고 묵은 땅을 기경하는 마음으로 이 책을 내게 되었다. 이 책을 통한 필자의 하소연과 구체적인 가이드가 작은 밑그림이 되어 한국교회의 담임목사 청빙 문화가 건강하고 새롭게 변화되길 소원하고 기도한다.

스티브 잡스가 애플을 세울 때 그가 생각한 경쟁 상대는 IBM이었다. 당시의 IBM은 대형 컴퓨터를 제작했는데 그 회사의 주요고객은 큰 조직이거나 대기업이었다. 더욱이 컴퓨터를 아는 사람은 극소수였다. 잡스는 컴퓨터가 기업이나 일부 사람의 소유물이 아닌, 모든 기업과 개인이 소장하고 사용할 수 있는 보편화를 상상하며 그의 목표로 삼았다. '그는 참으로 달랐다.' 그리고 그가 추구하는 가치는 '사람'이었음을 엿볼 수 있다.

당시에 그의 꿈과 가치는 아무나 쉽게 갖지 못했던 것이며, 시대의 흐름에서 보면 어처구니없는 발상이었을지 모른다. 더욱이 자원도 인력도 터무니없이 작은 비교도 안되는 큰 회사 IBM과 경쟁한다는 것은 일반적인 사람들의 생각의 한계를 넘는 것이었다.

어느 기관이나 단체든 그리고 기업이든 회사를 설립하면 설립

자의 인생철학이 고스란히 그 기업이 추구하는 신념으로 전이된다. 보통 이러한 신념은 한 문장의 슬로건으로 드러난다. 나이키의 "Just Do It!"이 바로 그러한 것이다. 당시 IBM의 슬로건은 "생각하라"(Think)였다. 잡스는 달라야 한다는 생각으로 "다르게 생각하라"(Think Different)를 애플의 슬로건으로 내걸었다. 다르게 생각하라! 이것이 오늘의 애플을 존재하게 한 신념이다.

모두가 다 아는 스토리일 수 있으나 필자에게 강하게 영향을 주었고, 다르게 생각하고, 다르게 사역하며, 남들과 무엇이든 다르게 할 수 있게 하는 원동력이 되었다.

'한국교회의 여러 가지 난제를 극복하기 위해 내가 다르게 할 수 있는 것은 과연 무엇일까?' 이것이 바로 《담임목사 청빙 이렇게 하라》라는 책을 집필하게 된 물음이다. 이 글을 쓰는 이 순간에도 한국교회의 청빙 문화가 혁신되기를 바라는 간절한 염원을 담아 마무리한다. 다르게 사역하기 위한 나와 우리 연구소의 노력은 멈추지 않을 것이다.

"다르게 생각하라!"

부록: 담임목사 청빙 컨설팅 방법

담임목사 청빙을 외부 전문기관에 의뢰하는 법은 아래 몇 가지 방식으로 나눌 수 있다.

1) 청빙 컨설팅의 전 과정 위탁

2) 서류 심의만 대행

3) 평판 조사 대행

4) 설교 컨설팅: 설교 분석

5) 심층 인터뷰 대행

6) 최종 후보자 목회자 컨설팅 시행

상기 각 의뢰 범위에 대한 상세한 내용은 아래와 같다.

1) 청빙 컨설팅 전 과정 위탁

청빙을 의뢰한 교회의 방향성을 숙의하고, 그 방향성으로 목회할 담임목사의 요건을 청빙위원회(청빙 Task Force Team)와 함께 결정한다. 진행되는 주요 내용을 교회의 교인들과 공유하기 위해 공지하거나 또는 워크숍을 통해 공론화한다.

청빙 광고 유무 또는 그 외 홍보 방식의 유무를 논의하고, 청빙 절차에 대한 제반 과정을 결정하여 청빙 컨설팅 기관에 정식 의뢰하여 진행한다. 컨설팅 기관이 임의적으로 진행하거나 독자적으로 결정하는 것은 없다. 모든 과정을 청빙위원회(TFT)와 함께 조율하고 결정한다.

그 과정은 다음과 같다. 이론적인 영역은 이 책의 7장을 참조하면 상세히 알 수 있다.

교회 방향성 도출 ⇒ 후임 목회자 부임 이후 중장기 교회의 이미지(브랜드) 확정 ⇒ 담임목사 청빙위원회(TFT) 구성 ⇒ 중직자 청빙 관련 워크숍(1~2회) ⇒ 청빙 세부 절차 결정 ⇒ 공모 시작[공모 방식 혹은 서치(Search) 방식 선택] ⇒ 50배수(or 40배수) 후보자 선정: 청빙위원회와 협의된 지표에 준거하여 결정(지수 결정) ⇒ 20배수(15배수) 후보자 선정: 공모의 경우 심층 인터뷰와 평판 조사[헤드헌팅의 경우 평판 조사(20명 설문조사)만 시행] ⇒ 3(5)배수 후보자 선정: 심층 인터뷰(체크 항목 10가지) ⇒ 전 교인 제비뽑기 ⇒ 제비뽑기 차순에 따른 협상 시작 ⇒ 최종 결정(청빙 협의) ⇒ 종결

2) 서류 심의 대행

목회 비전문가들로 구성된 청빙위원회에서 공모에 제출된 청빙 서류를 심사하거나 특히 목회 전문 영역에 대한 계획서를 분석하는 데는 한계가 있으며, 공정성을 보장할 수 없다. 절차 공정성에 대한 내용은 이 책의 5장에서 충분히 설명하였다. 기관에 서류 심의를 의뢰한 경우, 교회 청빙위원회와 지표 관리 규정을 정하고 그에 준하여 서류 심사를 수행한다.

3) 평판 조사 대행

후보자의 실제 사역 현장에서 설문조사를 실시한다. 교회 인근

주민들과 대면 설문 조사를 하고 그들의 평판을 듣기 위한 설문을 시행한다. 기본적인 원칙은 주일 예배 현장에 참석하고, 교회 인근의 사람들 20명 정도로 설문을 시행하여 그 평가를 통계적으로 보고하는 과정이다.

4) 설교 컨설팅: 설교 분석

메시지 체크포인트	설교주제:	본문:	년 월 일 째주
1	본문 선택 배경은 무엇인가? and 본문과 설교유형의 적합성은 어떠했는가?		
2	하나님의 의도하심과 청중의 영적 Needs는 일치하는가?		
3	메시지 본문에 대하여 충분한 이해는 되었으며, 이해되게 전달되었는가?		
4	본문에서 주고자 하는 의미는 무엇인가?		
5	메시지의 'One point'는 무엇인가?		
6	Communication의 '3원리'는 어떠한가? 1) Logos : 2) Pathos : 3) Ethos :		

MSC

한국교회는 목회자 평가의 중요한 영역을 설교에 두고 있다. 일반적으로 교회에서 청빙 후보자를 선정할 때 설교 초청을 통해 설교를 반드시 들어야 한다고 생각하는데, 이것은 매우 편향된 인식임을 다시 한 번 강조한다. 그럼에도 불구하고 후보자들의 설교를 컨설팅하려고 한다면 이 역시 설교 컨설팅의 도구를 통해 설교에 대한 객관적인 보고서를 받을 수 있다. 아래 양식은 설교 컨설팅 체크포인트의 일부분이다.

5) 심층 인터뷰 대행

청빙의 마지막 단계로 가장 중요한 것이 3(5)배수 후보자들에 대한 심층 인터뷰이다. 직접 후보자가 시무하는 목회 현장을 방문(주일예배 참관)하여 인터뷰를 시행한다. 평가된 객관적인 지수를 교회에 제출한다.

6) 청빙 예상 후보자 목회자 컨설팅 시행

청빙하고자 하는 후보자에 대해 종합적이고 객관적인 분석 자료를 구비하려 할 때, 목회자 컨설팅을 시행한다. 이러할 경우, 후보자와 사전 협의가 되어야 한다. 담임목사를 청빙할 때, 목회자에 대한 객관적 평가 지표를 갖는 것은 매우 중요한 과정이라고 확신한다.

목회자 컨설팅은 목회자 개인의 '퍼스널 컨설팅personal consulting으로 진행되는데, 그 목적은 목회자의 개인적 역량을 분석하여 향후 어떤 준비를 해야 하며 어떤 목회가 좋은지, 본인의 강점을 어떻게 강화하여야 하는지 등을 여러 분석 도구를 통해 찾아가는 컨설팅이다. 목회자 컨설팅에 포함되는 내용은 다음과 같다.

- 영적 지도자의 Time Line
- 목회자가 경험한 교육과 훈련 과정 분석
- 은사 검색과 분석
- 목회자의 기본적 분석(17개 항목)
- 설교 분석
- 리더십 핵심 역량 분석(18개 영역)
- MBTI/EPDI
- 리더십 7요소 분석
- 자기 관리 역량 분석(10가지)
- 리더십 유형 분석

- 목회자 SWOT 분석

- 영성 분석

- 목회 사역 방향성 제안

- 준비와 훈련 영역 제안

- 우선순위 제안

- 결론

도로 위에서 작동하는 GPS는 도착지까지 우리를 올바르게 안내한다. 우리가 가야 할 길에서 벗어나지 않도록 고안되고 기능하는 기계이지만, GPS는 실제로 완벽할 만큼 굉장히 높은 정확도로 목적지까지 안내하고, 행여 잘못된 길로 들어서면 바로 가장 빠른 길로 선회하도록 수정해 준다.

이런 맥락에서 볼 때 우리의 삶과 사역도 마찬가지이다. 우리가 잘못된 방향으로 가고 있다는 사실을 빨리 깨달을 수 있다면, 삶과 사역의 최종 목적지로 재설정하여 바르게 도달할 수 있을 것이다. 이러한 측면에서 목회자 컨설팅은 삶과 사역의 GPS 역할을 한다고 생각한다.

미래 한국교회의 대안 시리즈 ②
담임목사 청빙 이렇게 하라

1판 1쇄 발행 _ 2020년 8월 5일
1판 2쇄 발행 _ 2024년 3월 5일

지은이 _ 김성진
펴낸이 _ 이형규
펴낸곳 _ 쿰란출판사

주소 _ 서울특별시 종로구 이화장길 6
편집부 _ 745-1007, 745-1301~2, 747-1212, 743-1300
영업부 _ 747-1004, FAX 745-8490
본사평생화번호 _ 0502-756-1004
홈페이지 _ http://www.qumran.co.kr
E-mail _ qrbooks@daum.net / qrbooks@gmail.com
한글인터넷주소 _ 쿰란, 쿰란출판사
페이스북 _ www.facebook.com/qumranpeople
인스타그램 _ www.instagram.com/qrbooks
등록 _ 제1-670호(1988.2.27)
책임교열 _ 이화정·박은아

© 김성진 2020   ISBN 979-11-6143-418-6 94230
             979-11-6143-401-8 (세트)

책값은 뒤표지에 있습니다.
이 출판물은 저작권법에 의해 보호를 받는 저작물이므로 무단 복제할 수 없습니다.
파본(破本)은 구입처에서 교환해 드립니다.